SO KOMMT DAS GUTE IN DIE WELT

SO KOMMT DAS GUTE IN DIE WELT

WAHRE GESCHICHTEN, DIE MUT MACHEN

ALEXANDRA STEWART
& JAKE ALEXANDER

MIDAS

INHALT

EINFÜHRUNG

Stell dir vor, Außerirdische kommen auf die Erde und schalten die Nachrichten ein. Was würden sie sehen?

Vielleicht, dass es Menschen in allen Formen und Größen gibt, dass manche in seltsamen Ziegelsteinkisten leben und andere sich in einer Schlange von bunten Maschinen mit Rädern fortbewegen. Aber die Aliens würden auch Deprimierendes erfahren, wie etwa, dass es auf unserem Planeten immer wärmer wird und viele Arten aussterben. Sie würden vielleicht Geschichten sehen, in denen arme Menschen immer ärmer und reiche Menschen immer reicher werden, von verfeindeten Ländern und Bösewichten auf der Flucht. Am Ende gäbe es wahrscheinlich ein paar erfreulichere Nachrichten, aber bis dahin hätten die entsetzten Außerirdischen längst den Rückwärtsgang eingelegt und wären nach Hause gedüst.

Angesichts all dieser düsteren Aussichten könnten unsere Außerirdischen leicht glauben, dass unsere Welt keine Freundlichkeit kennt.

Aber zum Glück ist das nicht der Fall. Schau dich um und du wirst zahllose Beispiele für die Freundlichkeit der Menschen erkennen. Manche sind sehr klein, andere etwas größer. Aber sie alle sind, wie du bald feststellen wirst, wirklich bemerkenswert.

In diesem Buch erfährst du, warum der Mensch von Natur aus freundlich ist. Du lernst ganz normale Menschen kennen – Erwachsene und Kinder –, die dazu beigetragen haben, unsere Welt zum Besseren zu verändern. Sie werden dir zeigen, dass Freundlichkeit nicht immer sanft ist. Manchmal bedeutet sie Mut, oft Entschlossenheit, doch immer ist sie Stärke.

Vor allem aber wirst du entdecken, dass du immer, wenn du freundlich bist – sei es, weil du lächelst oder indem du jemandem einen Sitzplatz anbietest –, dazu beiträgst, diesen Planeten zu einem besseren Ort zu machen.

Also los – wir wollen herausfinden, wie das Gute in die Welt kommt!

KAPITEL 1

DIE WISSENSCHAFT DER FREUNDLICHKEIT

Wie würdest du Freundlichkeit oder Güte in einem Wort beschreiben? Das ist viel schwerer, als du denkst, richtig? Schließlich gibt es unzählige Möglichkeiten für freundliches Verhalten.

Freundlichkeit bedeutet, aufmerksam, großzügig und rücksichtsvoll zu sein. Dazu gehört, dass man die Bedürfnisse der Menschen wahrnimmt und ihnen zuhört, sich um sie kümmert und versucht, ihnen zu helfen. Es bedeutet, zu geben, ohne eine Gegenleistung zu erwarten.

Die Menschen haben die Sprache der Freundlichkeit seit Anbeginn der Zeit verstanden. Wissenschaftlerinnen und Wissenschaftler glauben sogar, dass unsere Fähigkeit, freundlich zu sein – nicht nur zu unseren Freunden und Familien, sondern auch zu Fremden –, einer der Hauptgründe dafür ist, dass wir als Spezies so erfolgreich sind.

Und warum? Weil es bedeutet, dass wir in großen Teams (oder Gesellschaften) zusammengearbeitet haben. Das hat uns geholfen, zu überleben und zu gedeihen. Wir sind am besten, wenn wir aufeinander aufpassen, neue Ideen austauschen und Herausforderungen gemeinsam angehen.

Das ist unsere Superkraft.

FREUNDLICHKEIT: DIE BESTE MEDIZIN

Freundlich zu sein hat uns also geholfen, als Art erfolgreich zu sein. Sie hilft uns aber auch im Alltag. Wie fühlt es sich an, zu jemandem freundlich zu sein?

Vielleicht spürst du, wie sich eine wohlige Wärme in deinem Körper ausbreitet, wie dein Herz leichter wird oder du plötzlich mehr Elan verspürst. Dafür gibt es eine wissenschaftliche Erklärung.

Die Wissenschaft hat herausgefunden, dass unser Gehirn chemische Stoffe freisetzt, wenn wir freundlich sind. Sie haben allerlei wunderbare Auswirkungen auf unseren Körper und unseren Geist.

Diese cleveren Stoffe – Neurotransmitter und Hormone genannt – verbessern unsere Stimmung, sorgen dafür, dass wir uns mit anderen Menschen verbunden fühlen, und steigern unsere Energie. Unglaublich, aber sie können uns sogar helfen, länger zu leben!

Amerikanische Wissenschaftlerinnen und Wissenschaftler führten eine Studie mit 13.000 Erwachsenen durch und fanden heraus, dass diejenigen, die regelmäßig freiwillig anderen halfen, länger, glücklicher und gesünder lebten.

DER KREISLAUF DER FREUNDLICHKEIT

Das Tolle daran: Sobald diese sogenannten Botenstoffe (Neurotransmitter und Hormone) im Körper zu schwirren beginnen, fühlen sich die Menschen so gut, dass sie gleich bereit sind, eine weitere freundliche Tat zu vollbringen. Dadurch werden weitere Botenstoffe freigesetzt, und so geht es weiter ... und ehe man sich versieht, hat man seinen eigenen Kreislauf der Freundlichkeit geschaffen.

Doch nicht nur die Geber von Freundlichkeit kommen in den Genuss dieses Kreislaufs. Freundlichkeit zu empfangen oder sie auch nur zu sehen, kann die Freisetzung von Botenstoffen auslösen. Sie sind nicht so stark wie die, die der Geber erlebt, aber sie sind genauso real. Du kannst dir wahrscheinlich denken, was als Nächstes passiert ...

Genau ... Sobald die Neurotransmitter und Hormone bei der Person, die Freundlichkeit erfahren oder gesehen hat, in Wallung geraten, fühlt sie sich motiviert, selbst etwas Freundliches zu tun. Der ganze Zyklus beginnt von vorn!

FREUNDLICH ZU SEIN SETZT CHEMISCHE STOFFE FREI, WIR FÜHLEN UNS GUT.
DIESELBEN STOFFE WERDEN AUCH BEI DEN MENSCHEN
FREIGESETZT, ZU DENEN WIR FREUNDLICH SIND.

WENN DIESE CHEMISCHEN BOTSCHAFTER IM KÖRPER
UNTERWEGS SIND, FÜHLEN WIR UNS SO GUT, DASS
WIR WAHRSCHEINLICH AUCH ZU ANDEREN
MENSCHEN FREUNDLICH SIND.

WENN MENSCHEN FREUNDLICHKEIT ERFAHREN,
WERDEN SIE DURCH DIE BOTENSTOFFE MOTIVIERT,
SELBST ZU JEMANDEM FREUNDLICH ZU SEIN.
SO SETZT SICH DER KREISLAUF DER FREUNDLICHKEIT FORT.

DEN FREUNDLICHKEITS-MUSKEL SPIELEN LASSEN

Warum können wir uns also nicht einfach zurücklehnen und auf den Wellen der Freundlichkeit reiten, die uns umgeben? Zwar besitzen wir Menschen die erstaunliche Fähigkeit, freundlich zu sein, aber wir nutzen sie nicht immer.

Manchmal sind wir zu sehr mit unseren eigenen Sorgen beschäftigt, um die der anderen wahrzunehmen. Manchmal sind wir einfach nicht in der richtigen Stimmung. Manchmal ist es schwer, jemandem gegenüber freundlich zu sein, der selbst nicht besonders freundlich ist.

Sich freundlich zu verhalten ist nicht immer die einfachste Option! Deshalb müssen wir daran arbeiten. Freundlichkeit ist wie ein Muskel, der jeden Tag trainiert werden muss. Um ihn aufzubauen und stark zu machen, braucht er unsere Unterstützung. Je mehr man ihn einsetzt, desto stärker wird er.

Die Menschen, über die du auf den nächsten Seiten lesen wirst, wurden nicht mit kräftigen Freundlichkeitsmuskeln geboren. Auch sie haben sie trainiert. Und sie haben weitergemacht, auch wenn es schwierig wurde.

FRAGEN

1.

WARUM IST ES WICHTIG, DASS MENSCHEN ZUEINANDER FREUNDLICH SIND? WAS GLAUBST DU?

2.

KANNST DU DICH ERINNERN, WANN DU EINMAL ZU EINEM FREUND, EINEM FAMILIENMITGLIED ODER EINEM FREMDEN MENSCHEN BESONDERS FREUNDLICH GEWESEN BIST? WIE HAT SICH DAS ANGEFÜHLT?

3.

HAST DU EINE IDEE, WIE DU HEUTE DEINEN FREUNDLICHKEITSMUSKEL TRAINIEREN KANNST?

KAPITEL 2

FREUNDLICHKEIT UND VERFOLGUNG

Die Bedeutung der menschlichen Güte ist oft dann am größten, wenn die Lage am schlimmsten ist. Denn wenn Menschen verzweifelt sind und ihr Leben in Gefahr ist, können gewöhnliche Leute außergewöhnliche Taten vollbringen.

Die folgenden Geschichten erzählen von Menschen, die selbst unter schwierigsten Bedingungen alles riskierten, um Verfolgten zu helfen – sogar das eigene Leben. Mit »Verfolgung« wird die Verachtung und Misshandlung einzelner Menschen oder ganzer Menschengruppen bezeichnet, die »anders« sind, zum Beispiel aufgrund ihrer ethnischen Zugehörigkeit oder Religion. Sie werden grausam behandelt, nur weil sie so sind, wie sie sind.

Die Geschichten zeigen, dass selbst im Angesicht der Grausamkeit die Freundlichkeit der Menschen unaufhaltsam ist.

DAS FREUNDLICHSTE DORF DER WELT

LE CHAMBON-SUR-LIGNON

Eingebettet in Nadelwälder und Wiesen in einem fernen Zipfel im Südosten Frankreichs liegt Le Chambon-sur-Lignon: ein kleines Dorf mit einem großen Herzen. Während des Zweiten Weltkriegs arbeitete die Dorfgemeinschaft im Verborgenen, um die Leben von Tausenden Verfolgten zu retten.

Diese Geschichte beginnt 1940, an einem bitterkalten Abend im tiefsten Winter. Magda Trocmé, die Frau des Pfarrers von Le Chambon, ist mit Hausarbeiten beschäftigt und wird durch ein Klopfen an der Haustür unterbrochen.

Draußen steht eine Frau mit hochgezogenen Schultern. Ihre dünnen Schuhe sind durchnässt, und sie zittert vor Kälte und nackter Angst. Madga nimmt sie mit ins Warme und erfährt bald, dass die Frau Jüdin ist und auf der Flucht, weil sie um ihr Leben fürchtet.

Zu dieser Zeit wurden in Frankreich jüdische Männer, Frauen und Kinder konsequent verfolgt und in Konzentrationslager gebracht, wo sie oft der sichere Tod erwartete. Nazi-Deutschland hatte nämlich im Juni 1940 Frankreich erobert und eine Terrorkampagne gegen jüdische Menschen begonnen. Auch auf Roma und Sinti, Homosexuelle, körperlich und geistig Behinderte, Schwarze und viele andere hatten sie es abgesehen. Die Frau, die jetzt an Magdas Kamin sitzt, war den Nazis nur knapp entkommen.

Entsetzt über das, was sich um sie herum abspielte, riefen Magda Trocmé und ihr Mann André die Bevölkerung auf, sich einer gewagten Rettungsaktion anzuschließen. Obwohl auf den Schutz von Juden die Todesstrafe stand, öffneten die Einwohner von Le Chambon ihre Häuser und auch öffentliche Gebäude und schufen Verstecke für die Verfolgten. Viele der Flüchtlinge waren Kinder, die von ihren Eltern getrennt worden waren. Die Dorfbewohner versorgten sie mit Nahrung und Kleidung und gefälschten Papieren und unterrichteten die Jüngeren in ihren Schulen.

Es dauerte nicht lange, bis sich die Freundlichkeit der Bevölkerung ausbreitete – von Mensch zu Mensch, von Hof zu Hof und von Dorf zu Dorf. Bald war ein großes Gebiet um Le Chambon in die Rettungsaktion einbezogen. Als sich die Hilfe der Nachbarn herumsprach, standen immer mehr Flüchtlinge vor der Tür. Nicht nur Jüdinnen und Juden, sondern auch andere Menschen in Not.

Gemeinsam retteten die mutigen Einwohner von Le Chambon und den umliegenden Dörfern das Leben von mehr als 5.000 Menschen.

Einer von ihnen, ein kleiner Junge namens Eric Schwam, hat diese Freundlichkeit nie vergessen. Als er fast 80 Jahre später starb, hinterließ er dem gesamten Dorf eine riesige Geldsumme. Sein einziger Wunsch war, dass dieses Geld für die Verbesserung der Lebensbedingungen der jungen Menschen im Dorf verwendet werden sollte.

Heute steht in Le Chambon ein Denkmal, das dem ansteckenden Geist der Freundlichkeit gewidmet ist, der so vielen Menschen das Leben gerettet hat. Die Dorfbewohner bieten auch heute Geflüchteten aus aller Welt Unterkunft. Gemeinsam sorgen sie dafür, dass das Leuchtfeuer der Freundlichkeit, das ihre Vorfahren entzündet haben, weiterhin strahlt.

DIE UNDERGROUND RAILROAD

HARRIET TUBMAN, USA

Harriet Tubman wurde in den 1820er-Jahren als Sklavin in Maryland in den USA geboren. In den ersten 30 Jahren ihres Lebens erlebte sie unsägliche Brutalität und nur wenig Freundlichkeit. Das änderte sich erst, als sie in den Norden der Vereinigten Staaten floh, wo die Sklaverei bereits beendet war.

Harriet machte sich 1849 auf die lange und gefährliche Reise in die Freiheit, und zwar entlang der sogenannten Underground Railroad. Dabei handelte es sich nicht um eine echte Eisenbahnstrecke, sondern um ein illegales System von Geheimwegen und Unterschlupfmöglichkeiten, das von Sklaven auf der Flucht in den Norden genutzt wurde. Es wurde von Männern und Frauen betrieben, die alle erbitterte Gegner der Sklaverei waren. Einige sorgten für Unterkunft und Verpflegung der »Passagiere«, während andere, die sogenannten »Schaffner«, sie auf ihrem Weg begleiteten.

Harriet konnte ihre Reise erfolgreich beenden, doch schon bald beschloss sie, ihre Freiheit zu nutzen, um auch anderen zur Freiheit zu verhelfen. Sie riskierte alles und ging zurück in den Süden, wo sie die erste weibliche »Schaffnerin« der Underground Railroad wurde.

Harriet kehrte mindestens 13 Mal nach Maryland zurück und brachte rund 70 versklavte Menschen in Sicherheit – darunter auch ihre eigenen Freunde und Verwandten. Dabei war sie stets der Gefahr ausgesetzt, von bewaffneten »Sklavenjägern« aufgegriffen zu werden. Wäre sie gefasst worden, hätten sie keine Gnade gezeigt. Trotzdem hat Harriet nie die Nerven verloren und alle ihre »Passagiere« gerettet.

1861 brach der amerikanische Bürgerkrieg zwischen dem Süden (der Konföderation), der für die Sklaverei eintrat, und dem Norden (der Union), der gegen die Sklaverei war, aus. Harriet schloss sich diesem Kampf an. In den folgenden vier Jahren diente sie in der Armee der Union als Köchin, Wäscherin und Krankenpflegerin und kümmerte sich um verwundete Soldaten und Menschen, die aus der Sklaverei geflohen waren.

Wir können uns Harriets riesige Freude nur vorstellen, als die US-Regierung 1865 offiziell die Sklaverei abschaffte! Nach einem langen und ereignisreichen Leben starb Harriet 1913 in ihrem Haus in Auburn, New York, an einer Lungenentzündung. Doch ihre mutige und unerschrockene Freundlichkeit berührt die Menschen weiterhin. Heute wird ihre Geschichte in Ländern rund um den Globus erzählt und inspiriert Jung und Alt, Harriets Beispiel zu folgen und die Welt zu einem besseren Ort für alle zu machen.

GEGEN DIE APARTHEID

ADELAINE UND WALTER HAIN, SÜDAFRIKA

Adelaine und Walter Hain wurden in den 1920er-Jahren in weißen englischsprachigen Familien in Südafrika geboren. »Wal« und »Ad« hatten eine glückliche Kindheit, doch jenseits der Tore ihres schönen Zuhauses lag eine düstere Welt. Dort wurden Schwarzen und anderen farbigen Südafrikanerinnen und Südafrikanern die gleichen Freiheiten und Rechte verweigert, die für die weiße Bevölkerung selbstverständlich waren – und das, obwohl die Weißen in der Minderheit waren. Nach den von den Weißen erlassenen Gesetzen durften Schwarze viele Dinge nicht tun, zum Beispiel wählen, frei reisen, sich für bestimmte Jobs bewerben oder entscheiden, wo sie leben wollten.

Die Situation wurde noch schlimmer, als die Regierung 1948 das System der Apartheid einführte – das Wort kommt aus der Sprache Afrikaans und bedeutet »Absonderung«. Hunderte von neuen Rassengesetzen wurden erlassen. Menschen, die sich nicht an die Regeln hielten, wurden verhaftet, eingesperrt und sogar umgebracht.

Die schwarzen Südafrikanerinnen und Südafrikaner leisteten erbitterten Widerstand gegen das brutale Regime. Ihr Freiheitskampf wurde von einer politischen Partei namens African National Congress (ANC) angeführt. Einer ihrer Organisatoren war ein junger schwarzer Anwalt namens Nelson Mandela, der zu einer führenden Persönlichkeit im Kampf gegen die Apartheid werden sollte.

Es ist erschreckend, dass die meisten weißen südafrikanischen Menschen das System der Apartheid unterstützten, nur wenige lehnten sich dagegen auf. Zu dieser Gruppe gehörten Wal und Ad. Sie wollten nicht zusehen, wie die

Menschen um sie herum leiden, und beschlossen, sich zur Wehr zu setzen. Das Paar begann, die gefährliche Arbeit der Anti-Apartheid-Aktivisten zu unterstützen.

Wal und Ad veranstalteten in ihrem Haus politische Versammlungen, nahmen Menschen auf der Flucht auf, besuchten Häftlinge und schickten Lebensmittelpakete an die Familien der Gefangenen. Während Wal in seinem Architekturbüro arbeitete, reiste Ad zu den Prozessen in der Stadt, um die Angeklagten zu unterstützen. Ein 15-jähriger Junge, der viele Jahre später ein bedeutender Richter wurde, erinnert sich daran, dass Ad ihm an jedem Tag seines Prozesses eine Tafel Schokolade brachte. Es war das erste Mal, dass er von einem Weißen Freundlichkeit erfahren hatte.

Als Nelson Mandela 1962 wegen seiner Anti-Apartheid-Aktivitäten verhaftet und vor Gericht gestellt wurde, begleitete ihn Ad jeden Tag, um ihn zu unterstützen. Sie war oft die einzige Person auf der Galerie des Gerichtssaals, die nur für Weiße bestimmt war. Jeden Morgen, wenn er auf der Anklagebank erschien, grüßte Nelson sie mit geballter Faust – eine Geste, die sie aus Solidarität erwiderte.

Ihre Aktivitäten brachten Wal und Ad eine Menge Ärger ein. Einmal wurden sie verhaftet und für zwei Wochen ins Gefängnis gesteckt. Sie durften sich nicht weiter politisch betätigen, sich nicht mit mehr als einer Person gleichzeitig treffen und nicht einmal die Schule ihrer Kinder betreten. Schließlich mussten sie 1966 das Land für immer verlassen, nachdem die Regierung den einheimischen Firmen verboten hatte, Wal zu beschäftigen.

1990 wurde Nelson Mandela nach 27 zermürbenden Jahren als politischer Gefangener endlich aus dem Gefängnis entlassen. Vier Jahre später wurde er zum Präsidenten Südafrikas gewählt. Dieser historische Moment kennzeichnete das offizielle Ende der Apartheid. Zum ersten Mal hatten Menschen aller Hautfarben an einer nationalen Wahl in Südafrika teilgenommen.

Nelson Mandela wurde zu einer der berühmtesten Persönlichkeiten der Welt. Doch trotz seiner Berühmtheit vergaß er nie die Freundlichkeit, die Ad und Wal ihm und seinen Mitstreitern entgegengebracht hatten. Im Jahr 2000, als sich die 73-jährige Ad im Krankenhaus von einem schweren Sturz erholte, erhielt sie einen überraschenden Anruf. »Hallo, hier ist Mandela aus Südafrika«, sagte die fröhliche Stimme. »Erinnern Sie sich an mich?«

FRAGEN

1.

WIE HALF DIE FREUNDLICHKEIT DEN GEFLÜCHTETEN BEI IHRER ANKUNFT IN LE CHAMBON-SUR-LIGNON?

2.

WAS MAG HARRIET TUBMAN GEDACHT HABEN, ALS SIE SICH ENTSCHIED, IN DEN SÜDEN ZURÜCKZUKEHREN, UM ANDERE VERSKLAVTE MENSCHEN IN DIE FREIHEIT ZU FÜHREN?

3.

WAS KÖNNTE WAL UND AD MOTIVIERT HABEN, SCHWARZE SÜDAFRIKANER WÄHREND DER APARTHEID WEITERHIN ZU UNTERSTÜTZEN, OBWOHL SIE DADURCH PROBLEME BEKAMEN?

KAPITEL 3

FREUNDLICHKEIT UND VORURTEILE

Auf der Welt gibt es Menschen von großer Vielfalt. Menschen mit unterschiedlichen Glaubensrichtungen, Interessen, Hautfarben, Liebesbeziehungen, Sprachen, Vorlieben und natürlich auch mit unterschiedlichen Persönlichkeiten. Das macht die Welt so reich und wunderbar.

Manche Menschen verstehen das nicht. Diese Leute urteilen über andere oder hassen sie ohne jeglichen Grund, nur weil sie nicht so sind wie sie selbst. Sie haben Vorurteile.

Die Menschen, die wir gleich treffen werden, haben sich mutig gegen Vorurteile gestellt. Anstatt Hass mit Hass zu vergelten, entschieden sie sich, mit Geduld und Güte zu reagieren.

KAMPF FÜR DIE RECHTE VON LGBTQ+

MAGNUS HIRSCHFELD, BERLIN

Im Jahr 1906 wurde Berlin von einem königlichen Skandal erschüttert. Eine große Tageszeitung veröffentlichte einen Artikel über einen deutschen Prinzen, der einen Armee-General liebte. Die Geschichte war brisant, weil die Liebe zwischen Männern damals verboten war.

Der General war empört über die Verleumdung seiner Person und verklagte den Autor des Artikels. Doch im Laufe des Prozesses sorgte einer der Sachverständigen, der als Zeuge geladen war, für noch mehr Empörung. Dieser Experte hieß Doktor Magnus Hirschfeld.

Magnus sagte vor Gericht, dass die Liebe zwischen zwei Männern genauso rein und natürlich sei wie die Liebe zwischen einem Mann und einer Frau. Er erklärte, dass Menschen nicht für ihr Geschlecht oder ihre Sexualität verurteilt werden sollten. Das Geschlecht beschreibt, als was sich jemand identifiziert, zum Beispiel ob er ein Junge, ein Mädchen oder nicht-binär ist. Sexualität beschreibt, zu wem sich jemand hingezogen fühlt – manche Menschen fühlen sich zu Menschen hingezogen,

die ein anderes Geschlecht als sie haben, andere stehen auf Personen des gleichen Geschlechts, und manche Menschen finden beides oder keines von beiden attraktiv.

Magnus setzte sich mutig für seine Überzeugung ein und erklärte dem Gericht, dass man sich weder für die Sexualität noch für das Geschlecht entscheiden kann – es ist ein Teil dessen, was man ist.

Seine Worte lösten eine Welle der Empörung aus, da die meisten Menschen dies damals nicht verstanden. Trotz des Ärgers war Magnus entschlossen, die Ansichten der Menschen zu ändern. Er machte es sich zur Lebensaufgabe, für das Recht der Menschen zu kämpfen, lieben zu dürfen, wen sie wollen.

Bereits 1897 hatte er an der Gründung des Wissenschaftlich-humanitären Komitees mitgewirkt – der ersten Homosexuellen-Bewegung der Welt, die sich für die Abschaffung der schwulenfeindlichen Gesetze in Deutschland einsetzte. Das Komitee wollte die Öffentlichkeit über Homosexualität aufklären und ermutigte schwule Menschen, für ihre Rechte einzutreten.

1919 eröffnete Magnus das Institut für Sexualwissenschaft in Berlin. Das Institut bot medizinische Versorgung, Forschungsmöglichkeiten und Beratung. Es war weltweit das erste seiner Art. Magnus half Trans-Patienten, deren Körper nicht ihrem Geschlecht entsprach, und bot Unterstützung und Beratung für Menschen in gleichgeschlechtlichen Beziehungen. Das Institut war nicht nur eine bahnbrechende medizinische Einrichtung, sondern auch ein Gemeinschaftszentrum, in dem sich Menschen in der Bibliothek, auf Partys oder einfach nur zur gegenseitigen Unterstützung im Alltag treffen konnten.

Doch es gab immer noch Menschen, die über Magnus' Arbeit verärgert waren. Einmal wurde er von einem Fremden, der mit seinen Ansichten nicht einverstanden war, zusammengeschlagen.

Der Aufstieg der Nazis machte das Leben noch gefährlicher, denn Magnus war schwul *und* Jude. Seine Freiheit und Sicherheit wurden durch Drohungen in Frage gestellt. 1933 plünderten Nazi-Schergen sein Institut und verbrannten alle wertvollen Bücher und Forschungsunterlagen. Glücklicherweise befand sich Magnus zu dieser Zeit in Paris, aber er kehrte nie wieder nach Deutschland zurück. Er starb zwei Jahre später.

Magnus' bahnbrechende Ideen und seine verbissene Entschlossenheit bereiteten auch nach seinem Tod den Weg für die Erforschung von Sexualität und Geschlecht. Er wird heute als mutiger Pionier der ersten Bewegung für LGBTQ+-Rechte anerkannt.

»Bald wird der Tag kommen«, schrieb er, »an dem die Wissenschaft den Sieg über den Irrtum, die Gerechtigkeit den Sieg über die Ungerechtigkeit und die Menschenliebe den Sieg über Menschenhass und Unwissenheit erringen wird.«

EINE WELT FÜR JEDEN

SINÉAD BURKE, IRLAND

Sinéad Burke ist eine Aktivistin, die sich für Freundlichkeit gegenüber Behinderten einsetzt. Aufgrund ihrer erfolgreichen Arbeit wurde sie auf der Titelseite der berühmtesten Modezeitschrift der Welt, der *Vogue*, gefeiert und traf sich mit unzähligen wichtigen Persönlichkeiten – von Popstars und Staatsoberhäuptern bis hin zu Prinzessinnen und Prinzen.

Sinéad wurde mit Achondroplasie geboren. Als Folge dieser genetischen Erkrankung hat sie verkürzte Gliedmaßen – sie ist knapp über einen Meter groß.

Schon mit 11 Jahren sprach Sinéad darüber, was es bedeutet, ein kleiner Mensch zu sein. An ihrem ersten Schultag trat sie vor die Klasse und buchstabierte Achondroplasie für ihre Mitschüler, damit sie es besser verstehen konnten.

Als modebegeisterter Teenager konnte sie sich nicht die Dinge kaufen, die sie sich wünschte. Schicke Klamotten und Schuhe gab es nicht für Sinéads Körper. Ihre Kleidung musste von einer Schneiderin angepasst werden. In Kleidergeschäften war sie frustriert, weil die Regale oft zu hoch waren.

Sinéad war jedoch entschlossen, sich Gehör zu verschaffen, und so begann sie, in ihrem Blog über die Modeindustrie zu schreiben. Sie sprach darüber, dass die Mode- und Designwelt nicht an die Bedürfnisse behinderter Menschen dachte und warum sich das ändern musste.

Mit der Zeit nahmen die Leute Notiz von ihr. Sinéad wurde ins Weiße Haus in Washington eingeladen, um über Mode und Behinderung zu sprechen. Weltberühmte Modedesigner wurden auf ihre Worte aufmerksam. Sie entwarfen Kleider speziell für sie, und sie war die erste kleine Person, die die Met Gala (eine berühmte Modeparty, die jedes Jahr in New York stattfindet) besuchte. Viel wichtiger ist jedoch, dass die Designer begannen, an die große Gemeinschaft kleinwüchsiger Menschen zu denken und Mode für sie zu entwerfen.

Aber auch wenn Sinéad es geschafft hat, dass große Unternehmen ihre Kollektionen überdenken, bleibt eine noch viel schwierigere Aufgabe: die Einstellung mancher Leute gegenüber behinderten Menschen zu ändern.

Selbst als Erwachsene wurde sie schikaniert. Als ein Schuljunge ihr auf einer Straße in Dublin über den Kopf sprang und sein Freund ihn dabei filmte, fasste Sinéad den Plan, etwas gegen diese Art von Respektlosigkeit zu unternehmen.

Sie besuchte Schulen in ganz Dublin, um mit Schülerinnen und Schülern über ihre Erfahrungen als kleiner Mensch zu sprechen. Sie machte ihnen Mut, Fragen zu stellen, und hinterfragte ihre Denkweise. Sie rief dazu auf, Freundlichkeit und Verständnis über Vorurteile zu stellen. »Ich habe es mir nicht ausgesucht, in diesem Körper zu sein«, sagte sie. »Aber wie wir uns anderen Menschen gegenüber verhalten, das entscheiden wir selbst.«

Sinéad ist der festen Überzeugung, dass wir alle dazu beitragen müssen, die Welt sicherer, freundlicher und inklusiver zu machen, und zwar für alle. Aktivistinnen und Aktivisten für Menschen mit Behinderung können dies nicht allein tun, sagt sie. »Wir brauchen eure Unterstützung.«

GEGEN HASS UND DEN KKK

DARYL DAVIS, USA

Mit zehn Jahren nahm Daryl Davis an einer Parade für Pfadfinder in seiner Heimatstadt Belmont, Massachusetts, in den USA teil. Als er stolz marschierte, begannen ihn Leute am Straßenrand mit Flaschen, Steinen und Müll zu bewerfen.

Daryl verstand nicht, was das sollte. Er fragte sich, ob sie etwas gegen Pfadfinder hatten. Erst als er nach Hause kam, setzten sich seine Eltern mit ihm hin und erklärten ihm Rassismus.

Daryl war verblüfft. Er konnte nicht nachvollziehen, warum man ihn wegen seiner Hautfarbe verletzen wollte. »Wie könnt ihr mich hassen, wenn ihr mich gar nicht kennt?«, fragte er sich. Es war eine Frage, auf die er sein Leben lang eine Antwort suchte.

Daryl war ein begabter Musiker und wuchs zu einem professionellen Pianisten heran, der in ganz Amerika sein Publikum begeisterte. Eines Abends, im Jahr 1983, spielte er mit einer Band in einer Stadt namens Frederick im südlichen Bundesstaat Maryland. Er war der einzige Schwarze im Saal.

Als Daryl sein Spiel beendet hatte, gratulierte ihm ein Mann aus dem Publikum zu seiner großartigen Leistung und lud ihn auf einen Drink ein. Der Mann gestand, es sei das erste Mal, dass er mit einem Schwarzen etwas getrunken habe. Als Daryl ihn fragte, warum, räumte der Mann ein, er sei Mitglied des Ku-Klux-Klan.

Der Ku-Klux-Klan (KKK) ist ein rassistischer Geheimbund in Amerika und hat eine lange Geschichte des Hasses und der Gewalt. Ziel des KKK waren in der Regel schwarze Amerikaner, aber auch Juden, Einwanderer und Mitglieder der LGBTQ+-Gemeinschaft wurden angegriffen.

Anstatt sich empört zu entfernen, beschloss Daryl, zu bleiben und mit dem Mann zu sprechen. Er entschied sich dafür, Freundlichkeit gegen Hass zu setzen, und hörte sich geduldig an, was der Mann zu sagen hatte. Am Ende des Abends hatten die beiden ihre Telefonnummern ausgetauscht, und nach und nach wurden sie Freunde.

Diese außergewöhnliche Begegnung führte zu weiteren Treffen zwischen Daryl und anderen Mitgliedern des KKK. Daryl ging mit ihnen essen, empfing sie in seinem Haus und unterhielt sich stundenlang mit ihnen. Er stellte ihre Überzeugungen höflich in Frage und forderte sie freundlich heraus. Er besuchte sogar KKK-Kundgebungen.

Was Daryl tat, war gefährlich, und es gab Zeiten, in denen er um sein Leben fürchtete. Dennoch ließen seine Geduld und seine Freundlichkeit nicht nach. Indem er den Menschen, die eigentlich seine ärgsten Feinde sein sollten, freundschaftlich die Hand reichte, gelang es ihm, ihre Vorurteile zu zerstreuen. Mehr noch: Seine Freundlichkeit inspirierte sie dazu, andere besser zu behandeln.

Viele von Daryls KKK-Freunden verließen die Organisation, weil sie nicht mehr an deren Ideen glaubten. Dank Daryl erkannten sie, dass sich Freundlichkeit viel besser anfühlt als Hass.

Heute setzt Daryl alles daran, seine Botschaft von der Macht der Freundlichkeit zu verbreiten. »Egal, wie schwer es ist, es lohnt sich, freundlich zu sein«, sagt er. »Wenn wir Hass mit Hass, Frustration mit Frustration, Verachtung mit Verachtung erwidern, entsteht ein giftiger Kreislauf. Wenn wir aber Negativität mit Freundlichkeit erwidern, helfen wir anderen, freundlich zu sein. Wir haben die Möglichkeit, den Kreislauf zu durchbrechen.«

FRAGEN

1.

WIE NUTZTE MAGNUS HIRSCHFELD SEIN WISSEN, UM MENSCHEN ZU ERMUTIGEN, FREUNDLICH ZUEINANDER ZU SEIN?

2.

DARYL DAVIS TRAF SICH VIELE JAHRE MIT MITGLIEDERN DES KU-KLUX-KLAN UND SPRACH MIT IHNEN. WAS MEINST DU, WIE ER SICH WÄHREND DIESER GESPRÄCHE FÜHLTE?

3.

HAST DU IDEEN, WIE MAN VORURTEILEN MIT FREUNDLICHKEIT BEGEGNEN KANN?

KAPITEL 4

FREUNDLICHKEIT UND KRIEG

Krieg ist eine Zeit des Terrors, der Angst und des Schreckens. Wenn die Zerstörung allgegenwärtig ist, kann Freundlichkeit sehr weit entfernt erscheinen. Doch wie schon die vorangegangenen Geschichten zeigten, haben mutige Menschen oft die Fähigkeit und Stärke, auch die schrecklichsten Situationen mit Mitgefühl zu meistern.

Wo auch immer du bist, sieh dir die Welt genau an, und du wirst immer wieder funktionierende Freundlichkeit erleben – manchmal an den unwahrscheinlichsten Orten und oft mit den außergewöhnlichsten Ergebnissen.

FREUNDSCHAFT IN DEN WOLKEN

CHARLIE BROWN UND FRANZ STIGLER, USA UND DEUTSCHLAND

Der amerikanische B-17-Bomber war durch feindlichen Beschuss stark beschädigt. Es war ein Wunder, dass die Maschine noch flog, denn zwei Motoren und die Systeme waren ausgefallen, das halbe Leitwerk fehlte. Noch schlimmer – Sergeant Hugh »Ecky« Eckenrode war getötet worden und die meisten Männer an Bord waren schwer verletzt.

Dezember 1943. Vier Jahre seit Beginn des Zweiten Weltkriegs, fünf Tage vor Weihnachten und wenige Stunden nach dem ersten Bombeneinsatz der amerikanischen Besatzung über Deutschland. Die Männer ahnten, dass es auch ihr letzter sein würde.

Als das Flugzeug zu seinem Stützpunkt in England zurückflog, schaute der Pilot, Second Lieutenant Charlie Brown, aus dem Fenster. Dort flog ein deutsches Kampfflugzeug, die *Messerschmitt Bf 109*, bedrohlich nahe neben ihm her.

Charlie schloss die Augen und schüttelte den Kopf. Als er sie wieder öffnete, war das Flugzeug immer noch da. Er machte sich auf sein sicheres Ende gefasst und war verblüfft, als es nicht eintrat.

Erstaunlicherweise griff der deutsche Pilot sie nicht an, sondern gab Charlie ein Zeichen, zu landen und sich zu ergeben. Charlie ignorierte die Aufforderung und setzte seinen Flug fort. Die ganze Zeit über blieb das deutsche Flugzeug an der Seite der B-17.

Nachdem es die havarierte Maschine sicher aus dem deutschen Hoheitsgebiet gebracht hatte, salutierte der Pilot, scherte aus und verschwand. Fassungslos und erleichtert kehrte Charlie mit den übrigen acht Besatzungsmitgliedern wohlbehalten nach England zurück.

Es überrascht kaum, dass Charlie den geheimnisvollen deutschen Piloten nie vergaß. Er wusste, dass dieser wegen Hochverrats hätte hingerichtet werden können, wenn er bei seiner Hilfe erwischt worden wäre.

43 Jahre später war Charlie immer noch so dankbar, dass er beschloss, seinen unbekannten Schutzengel zu suchen. Und 1990 gelang es ihm! Der Pilot hieß Franz Stigler und war während des Kriegs einer der talentiertesten deutschen Jagdflieger gewesen. Als sich die beiden Männer schließlich trafen, erklärte Franz, warum er Charlie damals geholfen hatte.

Als er in die zertrümmerten Scheiben des B-17-Bombers blickte, sah er nicht den Feind, sondern Menschen in Not. »Für mich wäre es dasselbe gewesen, als würde ich auf einen Fallschirm schießen«, sagte Franz. »Ich konnte es einfach nicht tun. Ich hoffte nur, dass er seine Verwundeten nach Hause bringen würde.«

Charlie und Franz blieben bis zu ihrem Tod im Jahr 2008 – sie starben nur wenige Monate nacheinander – die besten Freunde.

DAS ROTE KREUZ

HENRI DUNANT, SCHWEIZ

Im Juni 1859 reiste ein junger Händler namens Henri Dunant ins Dorf Solferino in Norditalien. Dort hoffte er, mit dem französischen Heerführer, Napoleon III., ins Geschäft zu kommen, der gerade in eine blutige Schlacht mit den Österreichern verwickelt war.

Als Henri in Solferino ankam, waren die Kämpfe zwar beendet, aber die Katastrophe war noch nicht vorbei. Tausende tote Soldaten lagen auf dem Schlachtfeld. Viele andere waren verletzt und lagen im Sterben, doch niemand konnte sie behandeln.

Der entsetzte Henri vergaß sofort sein Geschäft und machte sich daran, Hilfe für die Verwundeten zu organisieren. Gemeinsam mit den Dorfbewohnern richtete er in einer Kirche ein behelfsmäßiges Lazarett ein, in dem die Soldaten beider Seiten behandelt wurden.

Als Henri in seine Heimatstadt Genf in der Schweiz zurückkehrte, konnte er die schrecklichen Dinge nicht vergessen, die er gesehen hatte. Entschlossen, solches Leid in künftigen Kriegen zu verhindern, schrieb er über das Erlebte ein Buch mit dem Titel *Eine Erinnerung an Solferino*.

Das Buch enthielt eine revolutionäre neue Idee. Henri Dunant schlug vor, dass sich alle Länder zusammenschließen sollten, um eine neutrale und unabhängige Organisation von Freiwilligen zu schaffen. Sie sollten in Kriegszeiten die Verwundeten und Leidenden schützen, unabhängig davon, auf welcher Seite sie gekämpft hatten.

Henri verteilte sein Buch an viele führende Persönlichkeiten in ganz Europa und war von deren Begeisterung überwältigt. Seine Idee führte zur Gründung des Internationalen Roten Kreuzes und des Roten Halbmonds – dem größten humanitären Netzwerk der Welt.

Heute sind das Rote Kreuz und der Rote Halbmond rund um den Globus tätig und leisten Nothilfe und lebensrettende Unterstützung für Menschen, die von Kriegen und Naturkatastrophen betroffen sind.

Doch damit war Henris Verdienst noch nicht erschöpft. Seine Idee führte auch zur ersten Genfer Konvention – einem Regelwerk, das das Verhalten der Nationen im Krieg festlegt. Die 12 Länder, die die Konvention unterzeichneten, versprachen, dass ihre Armeen im Krieg verwundete Soldaten versorgen würden, unabhängig davon, auf welcher Seite sie kämpften. Außerdem verpflichteten sie sich, keine Sanitäter oder Zivilisten anzugreifen, die kranken oder verwundeten Soldaten halfen. Im Laufe der Jahre wurden weitere Regeln hinzugefügt, und immer mehr Länder kamen dazu. Heute haben sich 196 Länder auf der ganzen Welt verpflichtet, die Genfer Konventionen einzuhalten.

DIE WAISEN VON SIRET

SIRET, RUMÄNIEN

Die kleine Stadt Siret war für ihr Waisenhaus bekannt, in dem einst Tausende Kinder vor der Welt weggesperrt wurden. Unter ihnen waren Lenuta Gavriluta und Rodica Marginean. Zu jener Zeit wurde Rumänien von einem Diktator beherrscht, Nicolae Ceaușescu, der für die schlimmen Bedingungen in dem Waisenhaus verantwortlich war. Dort waren Kinder unter unmenschlichen Bedingungen misshandelt, vernachlässigt und allein gelassen worden, nur weil sie auf die Hilfe Fremder angewiesen waren.

Diese erschütternde Geschichte kam erst ans Licht, als Ceaușescu 1989 gestürzt wurde. Bald darauf reisten Mitarbeiter von Hilfsorganisationen aus der ganzen Welt nach Siret, um den Kindern zu helfen.

In den folgenden Jahren versuchten die Geretteten, sich ein neues Leben aufzubauen. Viele, die in der Stadt geblieben sind, darunter Lenuta und Rodica, leben heute in Häusern, die von der School for Life Foundation zur Verfügung gestellt werden – einer Wohltätigkeitsorganisation, die ehemaligen rumänischen Waisenkindern hilft, ein möglichst angenehmes Leben zu führen.

Aber die Geschichte von Lenuta und Rodica ist damit noch nicht zu Ende. Die kleine Stadt Siret liegt an der Grenze Rumäniens zur Ukraine. 2022, kurz nachdem der russische Präsident Wladimir Putin in die Ukraine einmarschiert war, strömten Tausende von Flüchtlingen nach Siret. Ihnen war kalt und sie hatten Angst. Sie hatten ihre Heimat zurückgelassen und brauchten einen sicheren Zufluchtsort.

Voller Mitgefühl beschlossen Lenuta und Rodica zu helfen. Obwohl sie selbst fast nichts besaßen, wollten sie das Wenige mit anderen teilen.

Sie nahmen Flüchtlinge in ihrem Haus auf, gaben ihnen zu essen und unterstützten sie. Sie gaben sogar ihre eigenen Betten auf, um es ihren Gästen bequemer zu machen. Sie kauften den Kindern Süßigkeiten und backten einem siebenjährigen Jungen einen Geburtstagskuchen.

Lenuta und Rodica hatten eine schwere Kindheit im Waisenhaus hinter sich. Obwohl sie ohne Zuneigung, Lachen und Geburtstage aufwuchsen, waren sie entschlossen, dass kein Kind so leiden sollte wie sie.

»Die Kleinen sind verängstigt und vom Krieg betroffen«, sagte Lenuta. »Ich verstehe das. Ich habe meinen eigenen Krieg durchlebt und möchte nun anderen helfen, die vor ihrem Krieg fliehen. Es ist gut, zu helfen.«

FRAGEN

1.

WARUM WOLLTE CHARLIE BROWN NOCH SO VIELE JAHRE SPÄTER NACH DEM MYSTERIÖSEN DEUTSCHEN PILOTEN SUCHEN?

2.

WIE FÜHRTE DIE FREUNDLICHKEIT VON HENRI DUNANT ZUR GRÜNDUNG DES INTERNATIONALEN ROTEN KREUZES UND DES ROTES HALBMONDES??

3.

KANNST DU IN DER GESCHICHTE DER WAISEN VON SIRET EIN BEISPIEL FÜR DEN KREISLAUF DER FREUNDLICHKEIT FINDEN? VERSUCHE ZU ERKLÄREN, WIE FREUNDLICHKEIT AN ANDERE WEITERGEGEBEN WERDEN KANN.

KAPITEL 5

FREUNDLICHKEIT UND KATASTROPHEN

In den nächsten Geschichten begegnen wir Menschen, die völlig Fremden helfen, deren Leben sich durch eine Katastrophe auf einen Schlag grundsätzlich verändert hat.

Bei weltbewegenden Ereignissen wird uns bewusst, dass wir alle im selben Boot sitzen. Wenn wir in solchen Momenten zusammenarbeiten, können Menschen stärker denn je zuvor daraus hervorgehen!

Dies sind nur drei Beispiele aus der Geschichte, aber vielleicht fallen dir ja noch andere ein, die sich in jüngerer Zeit in deiner Nähe ereignet haben?

SELBSTLOSIGKEIT AUF DER TITANIC

HAROLD LOWE, GROSSBRITANNIEN, UND DIE PASSAGIERE UND CREW DER RMS TITANIC

Als das größte Schiff der Welt in den eisigen Fluten des Atlantiks sank, mussten die frierenden Überlebenden voller Entsetzen hilflos zuschauen.

Das war am 15. April 1912 um 2.20 Uhr morgens. Weniger als zwei Stunden zuvor war die mächtige *RMS Titanic* auf ihrer ersten Reise von Europa nach New York noch stolz unterwegs gewesen. Doch die Fahrt wurde schnell zur Katastrophe, weil das Schiff auf einen Eisberg auflief, der seinen Rumpf durchbohrte.

Als die Stahl- und Eisenmassen des Schiffes in den Wellen zu versinken begannen, wurde klar, dass nicht alle Menschen gerettet werden konnten. Es gab nur Rettungsboote für die Hälfte der 2.200 Menschen an Bord. Am Ende gab es nur 706 Überlebende.

In den Wochen nach dem Untergang sammelten Ermittler und Zeitungen Fakten und Berichte, um zu verstehen, wie es zu der Tragödie kommen konnte. Dabei stießen sie immer wieder auf erstaunliche Großzügigkeit und Menschlichkeit.

Einer der berühmtesten Helden der *Titanic* war Harold Lowe, der fünfte Offizier des Schiffes. Er befehligte das einzige Rettungsboot, das an die Stelle zurückkehrte, an der das Schiff untergegangen war, suchte in der Dunkelheit im eiskalten Wasser nach Überlebenden und rettete dabei vier Menschen, bevor er einem anderen Rettungsboot zu Hilfe eilte.

Harold war mit seiner Selbstlosigkeit nicht allein. Menschen gaben ihre Rettungswesten an Fremde weiter, andere stellten ihre Plätze in den Rettungsbooten zur Verfügung. Orientierungslose und verängstigte Gruppen von Passagieren wurden durch das Labyrinth der versinkenden Gänge und Treppen nach oben zu den wartenden Rettungsbooten geführt. Auf den Booten kümmerten sich Erwachsene um fremde Kinder, andere ermutigten die Menschen zum Rudern und Singen, um sie nicht verzweifeln zu lassen.

Im Inneren des Schiffes blieben Ingenieure und Feuerwehrleute auf ihren Posten und hielten das Stromnetz aufrecht und die Wasserpumpen am Laufen. Obwohl die Männer wussten, dass sie mit dem Schiff untergehen würden, waren sie darauf bedacht, die *Titanic* so lange wie möglich über Wasser und beleuchtet zu halten, damit andere sich retten konnten.

Wochen später, als in offiziellen Anhörungen die Versäumnisse untersucht wurden, die zu der Katastrophe geführt hatten, boten Geschichten wie diese einen Schimmer von Licht und Hoffnung. Diese Beispiele von Selbstlosigkeit und Freundlichkeit zeigen, dass selbst im Angesicht der Katastrophe die Humanität weiterleben kann.

EINE STADT NIMMT TAUSENDE MENSCHEN AUF

GANDER, NEUFUNDLAND, KANADA

Am 11. September 2001 bekam die kleine Stadt Gander in Neufundland, Kanada, unerwartet Gäste: 38 Flugzeuge mit etwa 7.000 Passagieren.

Kurz zuvor hatte sich in den USA Grauenvolles ereignet. In einer Reihe von sorgfältig geplanten Anschlägen hatten Terroristen vier Flugzeuge entführt und gezielt zum Absturz gebracht. Insgesamt kamen 2.996 Menschen aus 93 Nationen ums Leben.

Kurz nach den Anschlägen sperrten die USA ihren Luftraum, und Hunderte von Flugzeugen, die sich gerade im Anflug befanden, wurden auf kanadische Flughäfen umgeleitet. 38 davon landeten auf dem Gander International Airport. Jeder an Bord brauchte einen Platz zum Übernachten.

In Gander lebten gerade einmal 10.000 Menschen, und es gab nur wenige Hotels – bei Weitem nicht genug für die 7.000 Gestrandeten! Also kamen die Einheimischen, um zu helfen. Müde, hungrige und verstörte Passagiere wurden mit einem freundlichen Lächeln empfangen und mit warmen Mahlzeiten, Betten und Duschen versorgt. Schulen und Kirchen wurden zu Schlafsälen

umfunktioniert, und einige Leute nahmen die Menschen in ihren eigenen Häusern auf.

Die Einheimischen spendeten Unmengen von Shampoo, Seife, Kleidung und Lebensmitteln. Sie organisierten sogar ein Unterhaltungsprogramm für ihre Gäste – darunter Bowlingspiele und Konzerte mit Bands aus der Region.

Die Passagiere waren sehr dankbar für die ihnen entgegengebrachte Freundlichkeit, doch ihre Gastgeberinnen und Gastgeber fanden nicht, dass sie etwas Ungewöhnliches getan hatten. »Man kehrt Menschen in Not nicht den Rücken zu«, sagte einer.

Die Gestrandeten ihrerseits vergaßen nie die Freundlichkeit dieser Menschen. Die Passagiere eines Fluges sammelten Geld für einen Stipendienfonds für Studierende in der Region Gander. Andere, die in der Nachbarstadt Appleton übernachtet hatten, spendeten ihren Gastgebern 5.000 Dollar. Das Geld wurde für den Bau eines Friedensparks verwendet.

Jedes Jahr findet in Appleton eine Zeremonie zum Gedenken an die Opfer des 11. September und zum Dank an die hilfsbereite Bevölkerung statt. »Es gibt etwas Gutes in der Welt«, sagte der Bürgermeister von Appleton 2017, »das in Zeiten der Katastrophe zum Vorschein kommt.«

DAS GROSSE ERDBEBEN

FUKUSHIMA, JAPAN

Am 11. März 2011 ereignete sich an der Küste im Nordosten Japans ein schweres Erdbeben. Weniger als eine Stunde nach dem ersten Beben erreichten Tsunami-Wellen die Küste. Die Wellen – so hoch wie ein 12-geschossiges Gebäude – überrollten Städte und Dörfer bis weit ins Landesinnere.

Das Erdbeben war eine schreckliche Naturkatastrophe, doch es sollte noch schlimmer kommen. Im Kernkraftwerk Fukushima Daiichi, 250 Kilometer nördlich von Tokio, brachen die Wellen über die Schutzmauern herein, überfluteten die Reaktoren und lösten einen Super-GAU aus. Da gefährliche Strahlung in die Atmosphäre gelangte, waren Zehntausende Menschen gezwungen, ihre Häuser zu verlassen.

Das Erdbeben, der Tsunami und die Kernschmelze zusammen forderten Tausende von Todesopfern und führten zur Evakuierung von einer halben Million Menschen.

Während die Opfer noch unter Schock standen, kam bereits Hilfe.

Geld, Hilfsgüter und etwa 1,4 Millionen Freiwillige strömten in die Region. Die Helferinnen und Helfer richteten Notunterkünfte und Gemeinschaftsküchen für die Überlebenden ein.

Es wurden Lebensmittel, Kleidung und Decken verteilt. Sogar Akrobaten kamen, um die Kinder zu unterhalten.

Inzwischen kämpften die Mitarbeiter des beschädigten Kernkraftwerks darum, Schlimmeres zu verhindern. Sie arbeiteten in 50-Stunden-Schichten und setzten sich dabei einer extremen Strahlenbelastung aus.

Einer von ihnen, Atsufumi Yoshizawa, Vater von zwei Kindern, erklärte später: »Niemand wurde gezwungen zu bleiben ... Aber wir wussten, dass wir die einzigen Menschen waren, die das Kraftwerk retten konnten.«

Am neunten Jahrestag der Katastrophe erklärte Uchibori Masao, Gouverneur der Region Fukushima, der Welt:

»Wir haben viel Unterstützung erfahren ... Das hat uns in dem Wunsch bestärkt, dasselbe für andere zu tun. Durch unsere Erfahrungen haben wir die Macht der Freundlichkeit erkannt.«

FRAGEN

1.

DIE BEVÖLKERUNG VON GANDER UND APPLETON BRACHTE DEN UNERWARTETEN GÄSTEN VIEL FREUNDLICHKEIT ENTGEGEN. WIE REAGIERTEN DIE MENSCHEN, DENEN GEHOLFEN WURDE, DARAUF?

2.

WIE HABEN SICH WOHL DIE ARBEITER GEFÜHLT, ALS SIE NACH DER KATASTROPHE IM KERNKRAFTWERK FUKUSHIMA ANKAMEN, UM ZU HELFEN? UND WIE GING ES DEN ANDEREN FREIWILLIGEN, DIE ZUR HILFE IN DAS GEBIET KAMEN?

3.

FALLEN DIR BEISPIELE EIN, IN DENEN MENSCHEN ANGESICHTS EINER KATASTROPHE FREUNDLICH ZU ANDEREN WAREN?

KAPITEL 6

FREUNDLICHKEIT UND KRANKHEIT

Erinnerst du dich daran, wie du dich gefühlt hast, als du das letzte Mal krank warst? Vielleicht warst du müde, schlapp oder hast dich nicht wie du selbst gefühlt?

Wenn wir krank sind, brauchen wir die Fürsorge der Menschen um uns herum. Wenn wir das Gefühl haben, dass sich jemand um uns kümmert, kann das tatsächlich dazu beitragen, dass wir schneller gesund werden!

Wie unsere nächsten Geschichten zeigen, muss man weder Ärztin noch Apotheker sein, um in solchen Momenten zu helfen. Manchmal ist die Behandlung, die wir am meisten schätzen, eine einfache Dosis Freundlichkeit.

EMPATHIE BESIEGT ANGST

GAY MEN'S HEALTH CRISIS, USA, UND PRINZESSIN DIANA, GROSSBRITANNIEN

Unsere Geschichte beginnt Anfang der 1980er-Jahre, als ein neuartiges Virus die Welt überflutete. Ärzte gaben ihm den Namen HIV (Human Immunodeficiency Virus), denn es greift das Immunsystem an, das uns hilft, Krankheiten und Infektionen abzuwehren.

Die HIV-Infizierten erkrankten früher oder später an AIDS, einer tödlichen Mixtur von Infektionen, die sich ausbreiten, wenn HIV den Körper geschwächt hat.

Während die Zahl der Infektionen auf der ganzen Welt schnell anstieg, machte sich Panik breit. Die Menschen fragten sich: Woher kommt HIV? Was genau ist es? Wie hat es sich verbreitet?

Klar war damals nur, dass Homosexuelle stark von dem Virus betroffen waren. Aufgrund der vielen unbeantworteten Fragen kursierten auch wilde Gerüchte.

Viele Menschen glaubten fälschlicherweise, sie könnten sich mit HIV anstecken, indem sie zum Beispiel die Hand eines Infizierten schüttelten.

Deshalb verschwiegen viele verängstigte und einsame HIV-Patienten ihre Krankheit. Vielen Erkrankten wurde nicht einmal Mitgefühl entgegengebracht – oft auch nicht von ihrer eigenen Familie und ihren Freunden.

Schockiert von diesem schrecklichen Verhalten gegenüber kranken Menschen beschlossen Mitglieder der schwulen und lesbischen Gemeinschaften zu handeln. Eine dieser Gruppen, Gay Men's Health Crisis (GMHC), richtete die erste AIDS-Hotline der Welt ein, bei der Menschen Hilfe und Ratschläge einholen konnten. Sie führten »Buddy«-Systeme ein, bei denen Freiwillige Menschen ins Krankenhaus brachten und diejenigen besuchten, die im Sterben lagen. Ob sie nun einkaufen gingen oder die Kranken einfach nur umarmten, die Helferinnen und Helfer ließen ihre Freunde wissen, dass sich jemand um sie sorgte.

Mit der Zeit unterstützten immer mehr Menschen diese Organisationen. Unter ihnen war auch Diana, Prinzessin von Wales. Im Jahr 1987 besuchte sie ein Londoner Krankenhaus, um die erste auf HIV/AIDS spezialisierte Abteilung in Großbritannien zu eröffnen.

Vor laufenden Kameras gab Diana lächelnd Ivan Cohen, einem 32-jährigen HIV-Patienten, die Hand und schüttelte sie herzlich. Ivan bat darum, sein Gesicht nicht zu fotografieren, da das Virus zu dieser Zeit mit so vielen Vorurteilen verbunden war. Diana trug keine Handschuhe und zeigte keine Angst. Zu jener Zeit dachten immer noch viele, dass HIV durch Berührung übertragen würde. Mit einer einfachen Geste trug Diana dazu bei, der Welt zu zeigen, dass Menschen mit HIV Freundlichkeit und Mitgefühl brauchen, nicht Misstrauen und Angst.

Heute weiß man, dass sich HIV ausbreitet, wenn infiziertes Blut oder bestimmte Körperflüssigkeiten in den Körper einer Kontaktperson gelangen. Dank dieses Wissens kann die Ausbreitung verhindert werden. Zwar gibt es immer noch keine Heilung für HIV, aber Medikamente ermöglichen den meisten Menschen mit dem Virus ein langes und gesundes Leben.

Die Botschaft von Verständnis und Freundlichkeit, die von den ersten HIV-Aktivisten verbreitet wurde, hat für ein Umdenken gesorgt und viele Leben gerettet.

KAPITEL 6

EIN UNGEWÖHNLICHER ARZT

HASSEN BOUCHAKOUR UND DR. PEYO, CALAIS, FRANKREICH

In einer Klinik für Krebskranke in Calais, Nordfrankreich, kann man sich darauf verlassen, dass *ein* Doktor den Patienten immer ein Lächeln auf die Lippen zaubert. Er heißt Dr. Peyo, hat aber – im Unterschied zu anderen Ärzten – kein Stethoskop, Fieberthermometer oder weißen Kittel. Er kann noch nicht einmal ein Rezept schreiben. Denn Dr. Peyo ist ein Pferd!

Bevor er im Krankenhaus arbeitete, begeisterten Peyo und sein Ausbilder Hassen Bouchakour die Zuschauer mit ihren tollen Dressuren in großen Arenen. Nach jeder Vorstellung trabte Peyo zu bestimmten Leuten in der Menge und freundete sich mit ihnen an. Hassen bemerkte, dass sich sein Pferd gezielt Menschen aussuchte, die krank, traurig oder einsam waren.

Er spürte, dass Peyo über eine einzigartige Fähigkeit verfügte, und sprach mit Tierärzten und medizinischen Experten, die das bestätigten. Danach beschloss Hassen, das Rampenlicht zu verlassen und Peyo drei Jahre lang darauf vorzubereiten, kranke und ältere Patienten zu besuchen. In dieser Zeit machte er das Tier nach und nach mit den Geräuschen, dem Anblick und der Atmosphäre von Krankenhäusern und Pflegeheimen vertraut.

Peyo wird sorgfältig auf die Besuche vorbereitet. Sein Körper wird sanft mit einer antiseptischen Lotion eingecremt, seine Mähne und sein Schweif sind fest geflochten. Wenn Peyo zu Beginn seines Arbeitstages auf der Krankenstation ankommt, bleibt er stehen oder hebt sein Bein, um seinem Besitzer zu zeigen, in welches Zimmer er gehen möchte. Es ist, als wüsste er, wer ihn am meisten braucht.

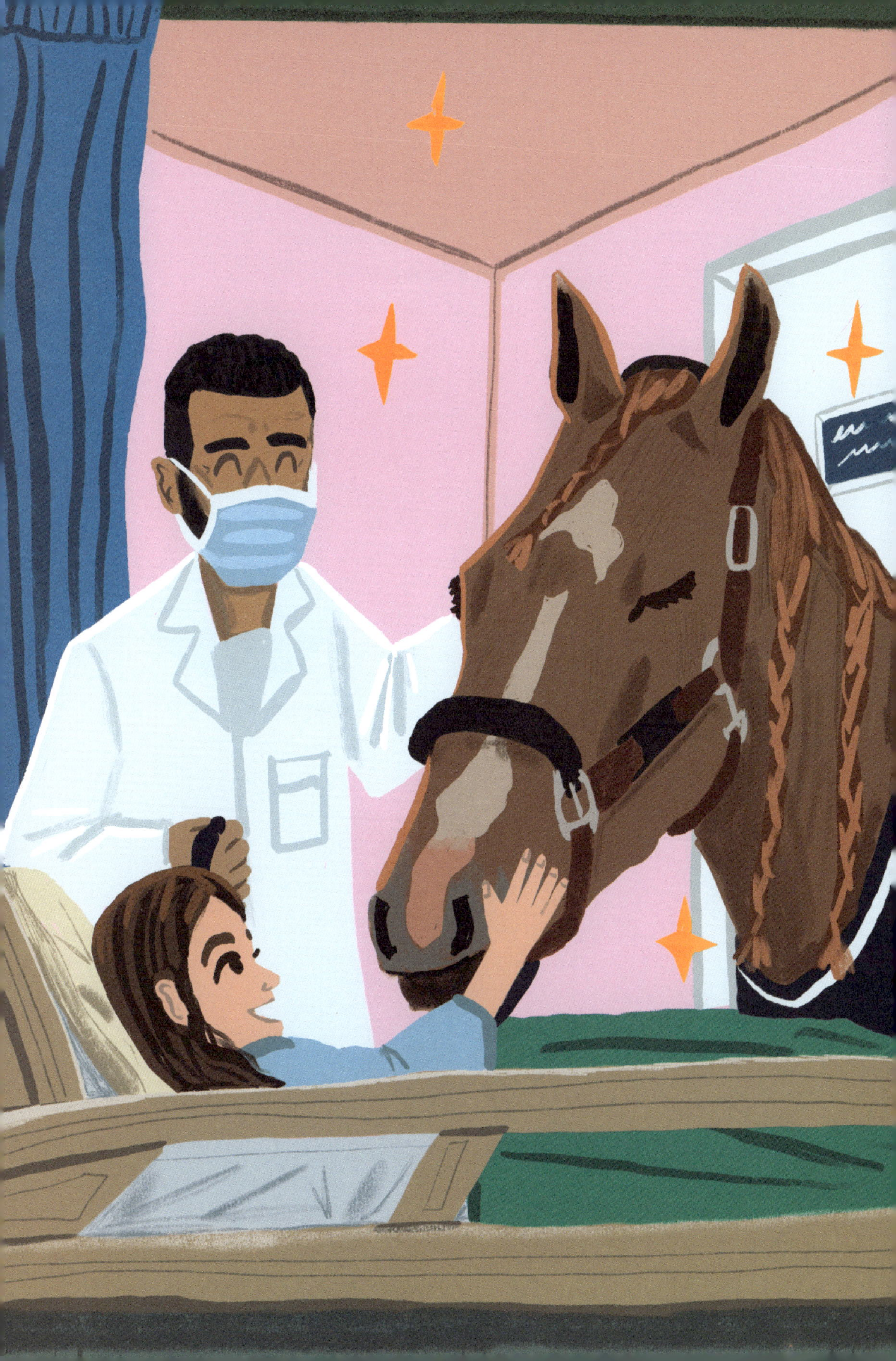

Mit Hassens Hilfe besucht er Patienten, deren Leben sich dem Ende zuneigt. Hassen sieht zu, während Peyo die Patientinnen und Patienten mit seiner sanften Präsenz und einem sanften Nasenstupser tröstet und ihnen in ihren letzten Wochen und Tagen etwas Ruhe und Liebe schenkt.

Es mag seltsam klingen, aber es funktioniert wirklich. Patienten, die Zeit mit Peyo verbringen, fühlen sich friedlicher und weniger ängstlich. Ärzte haben sogar festgestellt, dass Kranke, die von dem Pferd besucht werden, weniger Schmerzmittel benötigen!

Nicht nur die Patientinnen und Patienten genießen die Anwesenheit von Peyo. Auch das Personal und die Besucher lieben ihn, denn sie wissen genau, dass er Kranke aufmuntert, wenn es schwierig wird. Darauf können sie sich verlassen.

Seit 2016 haben Dr. Peyo und Hassen über 1.000 Menschen behandelt. Für jede und jeden von ihnen ist eine einfache, aber von Herzen kommende Portion Freundlichkeit die wertvollste Medizin.

UNTERSTÜTZUNG VON FREMDEN

SHIRLEY NOLAN, AUSTRALIEN

Als Anthony Nolan 1974 in Australien geboren wurde, diagnostizierten die Ärzte bei ihm eine seltene Blutkrankheit, das Wiskott-Aldrick-Syndrom. Die einzige Hoffnung auf Heilung war eine sogenannte Knochenmarktransplatation.

Shirley, Anthonys Mutter, wollte ihrem Sohn unbedingt helfen und brachte ihn um die halbe Welt nach London. Die Ärzte dort erklärten sich bereit, Anthony zu behandeln, aber sie mussten einen Spender finden, dessen Stammzellen zu seinen passten. Ohne Spenderin oder Spender würde die Transplantation nicht funktionieren.

Einen passenden Spender zu finden war eine Mammutaufgabe, ein bisschen wie die Suche nach einer Nadel im Heuhaufen. Wie sollten Shirley und Anthony unter völlig Fremden auf die Suche nach Stammzellen gehen?

Shirley schritt zur Tat. Sie richtete das weltweit erste Register für Knochenmarkspender ein. Die Idee war, dass Freiwillige ihr Blut testen lassen, um festzustellen, ob ihre Stammzellen zu jemandem passen, der in Not ist.

Die Unterstützung durch die Öffentlichkeit war unglaublich! In den folgenden fünf Jahren investierte Shirley unendlich viel Energie und Mühe in die Suche nach einem passenden Spender für Anthony und andere Kranke. Zu ihrer Freude meldeten sich immer mehr Menschen in der Hoffnung, dass das Leben eines Menschen gerettet werden könnte. Bis 1979 hatten sich rund 30.000 Menschen als mögliche Spenderinnen und Spender registrieren lassen.

Leider passte keiner von ihnen zu Anthony, und er verstarb noch im selben Jahr. Trotz ihres Schmerzes und ihrer Trauer machte Shirley intensiver denn je weiter. Alle gesammelten Daten wurden sorgfältig aufgezeichnet. Auch wenn es für Anthony bereits zu spät war, könnten die Daten für jemand anderen genau passen.

In dem Jahr, in dem Anthony starb, standen 80 Kinder auf der Warteliste für eine Spende. Heute haben weltweit mehr als eine Million lebensrettende Stammzellentransplantationen stattgefunden. Inzwischen sind rund um den Globus mehrere Millionen potenzielle Knochenmarkspenderinnen und -spender registriert.

Shirley erzählte später, dass ihr größter Lohn darin bestand, zu wissen, dass ihr kleiner Junge nicht umsonst gestorben war. Das ist er ganz sicher nicht. Dank Anthony und Shirley und der Fürsorglichkeit völlig fremder Menschen konnten Millionen von Leben gerettet werden.

FRAGEN

1.

WARUM WAR DAS VERHALTEN VON PRINZESSIN DIANA GEGENÜBER IVAN COHEN DEINER MEINUNG NACH SO WICHTIG FÜR MENSCHEN, DIE MIT HIV LEBEN?

2.

FÄLLT DIR EIN MOMENT EIN, IN DEM DIR EIN TIER GEHOLFEN HAT, DICH GLÜCKLICHER, RUHIGER ODER WOHLER ZU FÜHLEN?

3.

FALLEN DIR 3 WÖRTER EIN, DIE SHIRLEY NOLAN BESCHREIBEN? WARUM HAST DU DIESE WÖRTER GEWÄHLT?

KAPITEL 7

FREUNDLICHKEIT UND SPORT

Wenn du an eurem Schulsportfest teilgenommen oder ein Spiel deiner Lieblingsmannschaft gesehen hast, wirst du vermutlich Momente der Großzügigkeit und des Wohlwollens inmitten der harten Rivalität erlebt haben.

Diese Tradition des Fair Play ist ein wichtiger Bestandteil des Sports. Sie verleiht dem Sport eine starke positive Wirkung. Sport ist eine Möglichkeit, Freundlichkeit und Verständnis zwischen verschiedenen Teams, Gemeinschaften und sogar Ländern zu verbreiten, wie dir die Stars in unseren nächsten Geschichten zeigen werden ...

DER OLYMPISCHE GEIST

JESSE OWENS UND LUZ LONG, USA UND DEUTSCHLAND

Jesse Owens war der Star der Olympischen Sommerspiele in Berlin 1936 – er errang vier Goldmedaillen und stellte zwei Weltrekorde auf. Dabei hätte er um eine seiner Medaillen gar nicht erst kämpfen können, wäre da nicht die Hilfe von unerwarteter Stelle gewesen.

Unsere Geschichte beginnt, als Jesse sich für seinen dritten und letzten Versuch aufstellte, um sich für das Weitsprungfinale zu qualifizieren. Die ersten beiden Versuche hatte er verpatzt. Jesse wusste, dass er bei einem weiteren Fehlversuch aus dem Wettbewerb ausscheiden würde. Der Druck war enorm.

Als er sich auf seinen letzten Versuch vorbereitete, kam der deutsche Meister im Weitsprung, Luz Long, vorbei und gab ihm einige freundliche Ratschläge. Er schlug Jesse vor, dass er seinen Anlauf weiter hinten beginnen sollte, damit er weit vor der Absprunglinie starten konnte.

Jesse nahm seinen Rat an und qualifizierte sich überglücklich für das Finale. Und nicht nur das, er holte auch noch Gold für sein Land und brach obendrein den olympischen Rekord!

Luz gewann Silber, war aber der Erste, der Jesse mit einer Umarmung gratulierte. Danach verließen die beiden Arm in Arm das jubelnde Stadion.

Luz' Akt der Freundlichkeit war aus zwei Gründen überraschend. Zum einen hatte Luz, obwohl er Jesses Hauptkonkurrent war, persönliche und nationale Rivalitäten beiseitegeschoben, um seinem Sportlerkollegen zu helfen. Zum andern fanden die Olympischen Spiele in Nazi-Deutschland statt, wo eine aufgeheizte rassistische Atmosphäre herrschte – genau wie in Jesses Heimat, den USA.

Vor den Augen der Welt haben Luz und Jesse eindrucksvoll bewiesen, dass das Gute eine Kraft im Kampf gegen Vorurteile ist.

Jesse beschrieb diesen Moment später so: »Es hat ihn viel Mut gekostet, sich mit mir anzufreunden. Sie können alle meine Medaillen und Pokale einschmelzen, und sie wären kein Ersatz für die 24-karätige Freundschaft, die ich in diesem Moment für Luz Long empfand. Hitler muss wahnsinnig getobt haben, als er unsere Umarmung sah.«

Die beiden Sportler blieben Freunde, und Jahre später, nachdem Luz im Krieg gefallen war, besuchte Jesse dessen Sohn in Deutschland. Er sagte: »Das einzige Band zwischen Menschen, das etwas wert ist, ist ihre Menschlichkeit.«

EIN SIEG FÜR DIE FREUNDLICHKEIT

ABEL MUTAI UND IVAN FERNANDEZ ANAYA, KENIA UND SPANIEN

Als der kenianische Langstreckenläufer Abel Mutai sich dem Ziel des Cross-Country-Laufs näherte, stoppte er plötzlich. In einem Moment der Verwirrung dachte er, er hätte die Ziellinie bereits passiert und das Rennen gewonnen, dabei war er noch zehn Meter vom Ziel entfernt.

Abel war klarer Favorit des Rennens, und als der spanische Läufer Ivan Fernandez Anaya rasch zu ihm aufschloss, hielt die Menge den Atem an. Nach einem kräftezehrenden 10-Kilometer-Lauf sah es so aus, als würde Abel seinen hart erkämpften Sieg im letzten Moment verlieren.

Doch anstatt Abel zu überholen und sich selbst den Sieg zu sichern, rief Ivan ihm zur Freude der Zuschauer zu, dass das Rennen noch nicht zu Ende sei. Als er merkte, dass Abel kein Spanisch verstand, holte ihn Ivan ein und führte ihn bis zur Ziellinie. Abel drehte sich um und schenkte seinem Gegner ein warmes Lächeln und einen herzlichen Händedruck.

Auf die Frage, warum er Abel geholfen habe, anstatt dessen Fehler auszunutzen, antwortete Ivan: »Mein Traum ist es, dass wir eines Tages in einer Gemeinschaft leben, in der wir uns gegenseitig anspornen und zum Sieg verhelfen.«

Auch wenn Ivan nicht den ersten Platz belegte, hatte er zweifellos einen Sieg für Fairplay und Freundlichkeit errungen.

DIE SOLIDARITÄT UNTER SPORTLERINNEN

NIKKI HAMBLIN UND ABBEY D'AGOSTINO
NEUSEELAND UND USA

Während der Olympischen Sommerspiele 2016 in Rio de Janeiro sorgten zwei Läuferinnen wegen ihres Auftretens auf der Bahn für Schlagzeilen – aber anders als gedacht.

Nikki Hamblin (Neuseeland) und Abbey D'Agostino (USA) liefen das Rennen über 5.000 Meter, als es zu einem Zwischenfall kam. Nikki stolperte und stürzte. In dem darauf folgenden Chaos stürzte auch Abbey.

Während der Rest des Feldes weiterlief, kämpfte sich Abbey auf die Beine. Sie half Nikki, dasselbe zu tun, und sagte ihr: »Steh auf, wir müssen das hier zu Ende bringen.«

Obwohl beide verletzt waren und Schmerzen hatten, bissen sie die Zähne zusammen und machten gemeinsam weiter. Als Abbey ein zweites Mal stürzte, war es Nikki, die ihr aufhalf und Mut machte.

Angefeuert vom Publikum schafften es beide Athletinnen schließlich, das Rennen zu beenden, wobei Abbey auf der letzten Meile wegen starker Schmerzen humpelte. Als sie unter lauten Anfeuerungsrufen die Ziellinie überquerte, wurde sie von Nikki umarmt.

Obwohl ihre Träume vom olympischen Ruhm geplatzt waren, hatten die beiden jungen Frauen gemeinsam etwas Außergewöhnliches erlebt.

»Es war so besonders«, sagte Nikki. »Nur das Gute zu feiern, das dabei herausgekommen ist – dieser gemeinsame Moment war einfach unglaublich.« Ihre Solidarität wurde als eines der schönsten Ereignisse der Olympischen Spiele 2016 beschrieben.

Zwar verließen beide Sportlerinnen die Spiele ohne Medaillen, dennoch gingen sie nicht mit leeren Händen nach Hause. Beide erhielten in Anerkennung ihrer sportlichen Gesinnung den hoch dotierten Fair-Play-Preis des Internationalen Olympischen Komitees.

FRAGEN

1.

WAS HABEN DIE AKTIONEN VON LUZ LONG, IVAN FERNANDEZ ANAYA, ABBEY D'AGOSTINO UND NIKKI HAMBLIN GEMEINSAM?

2.

FÄLLT DIR EIN BEISPIEL AUS DEINEM LEBEN EIN, BEI DEM DU ZU JEMANDEM FREUNDLICH WARST, AUCH WENN DU DESHALB DEN KÜRZEREN GEZOGEN HAST ODER NICHT SO GUT ABGESCHNITTEN HAST WIE ERWARTET?

3.

VERSUCHE DICH IN DIE SECHS ATHLETINNEN UND ATHLETEN HINEINZUVERSETZEN. WIE MÖGEN SIE SICH NACH DEM ENDE IHRER SPORTVERANSTALTUNGEN GEFÜHLT HABEN?

KAPITEL 8

FREUNDLICHKEIT UND UNSER PLANET

In all unseren Geschichten ging es bisher um die Freundlichkeit gegenüber Menschen. Aber nicht nur Menschen verdienen Aufmerksamkeit, denkst du vielleicht? Und du hast recht!

Wir leben in einem riesigen Ökosystem, in dem alle Lebewesen zusammenwirken, um eine Art Blase für Leben zu schaffen. Diese Blase braucht besondere Aufmerksamkeit, wenn wir sie vor dem Zerplatzen bewahren wollen. Während einige Menschen gerade erst anfangen, dies zu verstehen, haben andere bereits unglaubliche Anstrengungen unternommen.

In diesem Kapitel geht es um Menschen, die große und kleine Schritte für unseren kostbaren Planeten eingeleitet haben.

PLASTIK SAMMELN AM STRAND

AFROZ SHAH, INDIEN

Als der junge indische Rechtsanwalt Afroz Shah in sein Appartement an der Küste von Mumbai zog, war er entsetzt, dass der Strand von einem Teppich aus Plastikmüll überzogen war.

Es war so viel, dass man den Sand kaum sehen konnte. An manchen Stellen waren die Müllberge mehr als 1,5 Meter hoch. Einiges hatten die Menschen dort abgeladen, aber das meiste war vom Meer angespült worden.

Zusammen mit seinem 84-jährigen Nachbarn, Harbansh Mathur, zog Afroz Handschuhe an und begann, den Müll Stück für Stück aufzusammeln.

Viele Anwohner warnten Afroz, das sei eine sinnlose Aufgabe und er könne sie niemals zu Ende bringen, aber er machte trotzdem weiter. Nach und nach schlossen sich ihm Freiwillige an, und bald waren es sehr viele, darunter Menschen aus den ärmsten Vierteln Mumbais, Bollywood-Stars und Politiker. Jedes Wochenende sammelten sie in der brütenden Hitze gemeinsam den verrottenden Müll ein.

Seit Afroz und Harbansh 2015 mit der Säuberung begannen, haben Tausende Freiwillige Millionen Tonnen Müll aufgesammelt. Was einst eine Müllkippe war, ist jetzt wieder ein Strand.

Auch die Tierwelt hat die Verwandlung begrüßt. Im März 2018 wurden rund 80 frisch geschlüpfte Oliv-Bastardschildkröten entdeckt, die Richtung Meer watschelten. Diese Art war seit über 20 Jahren nicht mehr am Strand gesichtet worden.

Afroz und seine Freiwilligen reinigen weiterhin Indiens Strände, Flüsse und Mangrovensümpfe. Seine Initiative hat zu anderen Strandsäuberungsaktionen auf der ganzen Welt inspiriert, und er hofft, dass sie viele Menschen motivieren wird. »Wir sind mehr als 8 Milliarden Menschen«, sagt er. »Wenn jeder mitmachen würde, wäre das eine wunderbare Sache. Können wir es gemeinsam schaffen?«

GEGEN DIE BURGER-GIGANTEN

ELLA UND CAITLIN MCEWAN, GROSSBRITANNIEN

Bei den meisten Familien liegen überall im Haus kleine Plastikspielzeuge herum. Mit manchen wird einmal kuz gespielt, dann sind sie vergessen. Viele von ihnen gibt es kostenlos in einem Schokoladenei oder mit einer Fast-Food-Mahlzeit. Du hast bestimmt auch welche ...

Obwohl sie nicht groß sind, sind sie ein großes Problem für unsere Umwelt. Es dauert nämlich etwa 500 Jahre, bis sie sich zersetzt haben.

Als Ella und Caitlin McEwan (10 und 8 Jahre alt) in der Schule von diesem Problem erfuhren, beschlossen sie zu handeln. Sie sprachen mit ihren Eltern darüber, was sie tun könnten, und starteten eine Online-Petition gegen Plastikspielzeug als Beigabe zu Fast-Food-Gerichten.

Sie wollten, dass insbesondere zwei berühmte Fast-Food-Ketten – McDonald's und Burger King – damit aufhörten. Sie wussten, dass beide Unternehmen jedes Jahr weltweit über eine Milliarde Kindermahlzeiten verkaufen, was eine Menge Plastikspielzeug bedeutet!

Nach einem verhaltenen Start wurde ihre Petition zum Selbstläufer. Mehr als eine halbe Million Menschen unterschrieben. Die Mädchen besuchten sogar die McDonald's-Zentrale Großbritanniens. Sie hatten fast 2.000 der kleinen Plastikteile dabei. Damit wollten sie zeigen, wie viele davon alle fünf Minuten an britische Kunden verteilt werden.

Ihre Stimmen wurden laut und deutlich gehört. Sie veranlassten McDonald's und Burger King zum Handeln. Beide Unternehmen haben in Großbritannien,

Irland und Frankreich das Verschenken von Hartplastikspielzeug mit ihren Kindermahlzeiten eingestellt.

Ella und Caitlin waren überglücklich über ihr McHappy-Ende. Ihre Sorge um unseren Planeten hat zu intensiven Gesprächen und, was noch wichtiger ist, zu großen Veränderungen geführt. Die Mädchen hoffen nun, dass auch andere große Unternehmen ihren Teil dazu beitragen werden, den Plastikmüll zu reduzieren und den Planeten für künftige Generationen zu schützen.

DAS KLIMA VOR GERICHT VERTEIDIGEN

ANJ SHARMA, AUSTRALIEN

Im Jahr 2021 gingen acht Teenager und eine Nonne, die sich fürs Klima einsetzen, gegen die Regierung von Australien vor. Der Gerichtsprozess bewegte die Welt. Die Gruppe – angeführt von der 16-jährigen Anjali (Anj) Sharma – versuchte, die Erweiterung einer riesigen Kohlenmine zu verhindern.

Anj und ihre Freunde waren schockiert, dass ihre Regierung den Ausbau der Kohleförderung in Australien befürwortete. Man muss kein Umweltexperte sein, um zu wissen, dass die Kohleverbrennung die umweltschädlichste Art der Energieerzeugung ist!

Anj hatte Angst. Australien war von schrecklichen Waldbränden heimgesucht worden, und ihre Verwandten in Indien litten bereits unter den Folgen schwerer Überschwemmungen, die auf den Klimawandel zurückzuführen waren. Sie wusste, dass ihr die Zeit davonlief. Und sie war wütend darüber, dass die Entscheidungsträger nicht an die Folgen für künftige Generationen dachten.

Also beschloss sie, etwas dagegen zu unternehmen. Zusammen mit sieben

Freundinnen und Freunden und mit Unterstützung der 86-jährigen Schwester Brigid Arthur erzwang Anj einen Prozess gegen die australische Umweltministerin.

Die Teenager und ihre Anwälte argumentierten damit, dass die Ministerin die Pflicht habe, jüngere Menschen vor künftigen Schäden durch den Klimawandel zu schützen. Wenn die Ministerin die Erweiterung der Mine zuließe, würde sie dieser Pflicht nicht nachkommen.

Zur Freude der Jugendlichen – und zum Erstaunen der Weltöffentlichkeit – gab der Richter ihnen recht.

Leider war die Freude nur von kurzer Dauer. Die Ministerin focht die Entscheidung des Richters in einem weiteren Gerichtsverfahren an und hatte Erfolg. Die Regierung bekam für die Erweiterung der Kohlemine grünes Licht.

Auch wenn sie diesen Kampf nicht gewonnen haben, sind Anj und ihr Team ein wichtiges Beispiel dafür, dass wir uns alle für unseren Planeten einsetzen sollten. Anj kämpft weiterhin mit aller Kraft gegen den Klimawandel. Als mitfühlende Weltbürgerin (S. 111, Martha Nussbaum) glaubt sie, dass sie keine andere Wahl hat. Es ist ihre Pflicht.

FRAGEN

1.

WELCHE AUSWIRKUNGEN HABEN AFROZ' AKTIONEN AUF DIE STRÄNDE IN INDIEN UND AUF DER GANZEN WELT?

2.

ELLA UND CAITLIN MCEWAN WAREN NOCH IN DER GRUNDSCHULE, ALS SIE SICH GEGEN KLEINES PLASTIKSPIELZEUG EINSETZTEN. FÄLLT DIR EINE KLEINE VERÄNDERUNG EIN, DIE DU UMSETZEN KÖNNTEST UND DIE EINE POSITIVE AUSWIRKUNG AUF UNSERE WELT HABEN KÖNNTE?

3.

WAS HAST DU AUS DIESEN DREI GESCHICHTEN ÜBER DEN FREUNDLICHEN UMGANG MIT DEM PLANETEN ERDE GELERNT?

KAPITEL 9

FREUNDLICHKEIT UND TIERE

Menschen und Tiere verbindet eine lange und enge Beziehung. Der Mensch ist schließlich auch nur eine Art von Tier! Wir teilen den Planeten mit großen und kleinen Lebewesen, deshalb ist es oft hilfreich, wenn wir miteinander auskommen.

Hast du schon von den klugen Delfinen gehört, die Schwimmer vor Haien gerettet haben? Oder von den Hunden, die wissen, wann ihr Besitzer traurig ist, und versuchen, ihn aufzumuntern? Es gibt unzählige Beispiele für Tiere, die freundlich zu Menschen sind, und jedes Lebewesen, ob Elefant oder Ameise, spielt eine wichtige Rolle auf unserem Planeten. Wir sollten freundlich zu ihnen allen sein.

Als ihnen bewusst wurde, dass einige Tierarten ums Überleben kämpfen, haben sich die Menschen in den folgenden Geschichten dafür eingesetzt, unseren pelzigen und gefiederten Freunden zu helfen.

RETTUNG FÜR DIE BÄREN

SALVIAMO L'ORSO, ITALIEN

Italiens scheuer Marsischer Braunbär gilt als eine der friedlichsten Bärenarten der Welt. Wenn er nicht gerade nach Nahrung sucht (Wurzeln, Früchte, Honig oder auch mal ein Kleintier) oder sich an seinen Lieblingsbäumen kratzt, ist er am liebsten allein.

Doch während wir Menschen von diesen friedlichen Wesen nichts zu befürchten haben, können die Bären das von uns nicht behaupten. Um Bienenstöcke, Obstgärten und das Vieh vor Überfällen zu schützen, haben die Menschen die Bären mitunter gejagt oder vergiftet.

Mehr noch: Die Bären haben unter der Zerstörung ihres Lebensraums gelitten, weil der Mensch immer mehr Land bewirtschaftet und immer mehr Häuser und Straßen gebaut hat. Wo einst Hunderte von Bären in den italienischen Apenninen umherstreiften, leben heute nur noch etwa 50 im Abruzzen-Nationalpark und den umliegenden Bergen.

Doch dank der Hilfe einiger engagierter Naturliebhaber ist noch nicht alles verloren. Im Jahr 2012 gründete eine Gruppe besorgter Bärenfreunde eine Non-Profit-Organisation namens Salviamo l'Orso (Rettet den Bären).

Freiwillige Helfer entfernen in den Bergen heimtückischen Stacheldraht und installieren Licht- und Schallreflektoren an stark befahrenen Straßen, um die Bären davon abzuhalten, sich in der Dunkelheit auf diese Straßen zu wagen. Im Frühjahr beschneiden sie verwilderte Apfel- und Kirschbäume, damit die Bären später im Jahr die Früchte genießen können, ohne jemanden zu verärgern.

Außerdem stellen sie Elektrozäune um die Obstgärten, Bienenstöcke und Viehherden der Landwirte auf. Das schützt die Ernten vor den hungrigen Bären und die hungrigen Bären vor den verärgerten Landwirten.

Die schwierigste Aufgabe besteht darin, Korridore für Wildtiere zu schaffen. Diese Korridore sind frei von menschlichen Hindernissen und ermöglichen es den Bären, die nahe gelegenen Nationalparks sicher zu erreichen. Dafür müssen Obst- und Nussbäume gepflanzt und alte Pfade, die unter Straßen hindurch verlaufen, für die Bären geräumt werden.

Eine Aufgabe, die Tierschützerinnen und Tierschützer jahrelang beschäftigen wird, die sie jedoch aus Liebe und Respekt für die bedrohten Bären tun.

HILFE FÜR DEN BARTGEIER

ALEJANDRO LLOPIS DELL, SPANIEN

D der majestätische Bartgeier beherrschte einst die Lüfte in den Bergen Südeuropas, von Spanien bis zum Balkan. Doch wie der Marsische Braunbär in der vorherigen Geschichte wurden ihre Bestände durch Jagd, illegale Giftköder und zerstörte Lebensräume nahezu ausgerottet.

Ohne die Bemühungen einiger entschlossener Naturschützerinnen und Naturschützer wäre der Bartgeier in Europa wahrscheinlich längst ausgestorben. Einer von ihnen, der Tierarzt Alejandro Llopis Dell, setzte sich mit all seiner Kraft dafür ein, diesen erstaunlichen Vogel zu retten.

Alejandro arbeitet in einem Bartgeier-Zuchtzentrum in Katalonien, Spanien. Hier werden Eier von Bartgeiern ausgebrütet und die Jungen nach der Aufzucht in die Freiheit entlassen. Er setzt sich so leidenschaftlich für diese vom Aussterben bedrohte Art ein, dass er sich sogar mit einem männlichen Geier zusammengetan hat, um Küken aufzuziehen.

Alejandros Geierpartner heißt Kajazo. Kajazo wurde in einem Zoo von Hand aufgezogen, wurde also als Jungvogel von Menschen umsorgt und glaubt nun, dass Menschen seine Spezies sind (ein Prozess, den Experten als menschliche Prägung bezeichnen).

Jedes Jahr im Frühherbst beginnen Alejandro und Kajazo mit den Vorbereitungen und bauen gemeinsam ein Nest aus Stöcken und Wolle. Wenn es fertig ist, legt Alejandro ein Schein-Ei in das Nest. Dann setzen sich er und Kajazo abwechselnd auf das Ei, so wie es Bartgeier in der freien Natur tun.

Alejandro sitzt zwischen September und März jeden Tag eine Stunde auf dem Ei. In der Zwischenzeit bebrüten seine Mitarbeiterinnen und Mitarbeiter

künstlich ein echtes Geier-Ei. Dieses Ei wurde von einem anderen Brutpaar gelegt, das sich aus unterschiedlichen Gründen, zum Beispiel wegen einer Verletzung, nicht um seine Eier kümmern kann.

Wenn das Geierjunge schlüpft, ersetzt Alejandro das Dummy-Ei durch ein flauschiges Küken!

Normalerweise nimmt Kajazo das Küken an und beginnt es aufzuziehen – indem er es warm hält und mit Fleischresten füttert. Sobald das Küken alt genug und kampffähig ist, wird es in die Freiheit entlassen.

Alejandro und Kajazo ziehen jedes Jahr ein Küken auf und leisten damit einen wertvollen Beitrag zur Wiederansiedlung der Art in freier Wildbahn. Dank der Bemühungen der Geierschützer konnten bereits über 340 Küken ausgewildert werden, so dass die Bartgeier wieder über den Bergen Europas schweben können.

FRAGEN

1.

WIE HAT SICH SALVIAMO L'ORSO DAFÜR EINGESETZT, DASS DER ABRUZZEN-NATIONALPARK UND DIE UMLIEGENDEN BERGE FÜR BÄREN SICHER SIND?

2.

WIE HABEN DIE BEMÜHUNGEN VON ALEJANDRO LLOPIS DELL DAZU BEIGETRAGEN, DAS AUSSTERBEN DER BARTGEIER IN SÜDEUROPA ZU VERHINDERN?

3.

FALLEN DIR WEITERE MENSCHEN EIN, DIE ERSTAUNLICHES FÜR DEN SCHUTZ VON TIEREN TUN?

KAPITEL 10

FREUNDLICHKEIT UND TRADITIONEN

Freundlichkeit ist ebenso vielfältig wie wir Menschen. Große Taten mögen mächtig und mutig erscheinen, aber die kleinen sind genauso wichtig. Selbst die kleinste Geste kann eine große Wirkung entfalten.

In diesem Kapitel liest du von ganzen Gemeinschaften, die einfache Freundlichkeiten in den Mittelpunkt ihrer Kulturen und Bräuche stellen. Gemeinsam zeigen sie, dass wir alle jeden Tag etwas tun können – sei es, jemanden zum Lächeln zu bringen oder die Tür für eine andere Person aufzuhalten. Diese kleinen Dinge sind es, die das Gute in die Welt bringen.

DIE WAND DER FREUNDLICHKEIT

IRAN

Eine Wand der Freundlichkeit ist ein Ort, an dem Menschen Spenden für Bedürftige hinterlassen können – an Haken oder Nägeln.

Die Idee entstand 2015 im Iran. Dort, in der Stadt Mashhad, ließ ein gutherziger Mensch einige warme Kleidungsstücke an einer Wand hängen. Daneben stand geschrieben: »Wenn du sie nicht brauchst, lass sie da. Wenn du sie brauchst, nimm sie.«

Diese Idee inspirierte andere dazu, das Gleiche zu tun, und bald begannen mehr Menschen, ihre Gaben ebenfalls an der Wand abzulegen.

Es dauerte nicht lange, bis sich die Idee in anderen Städten auf der ganzen Welt verbreitete, darunter Luizhou in China, London in Großbritannien, Cork in Irland und Kabul in Afghanistan.

OMOTENASHI

JAPAN

Wenn japanische Fußballfans ihrer Nationalmannschaft beim Spiel zuschauen, helfen sie hinterher den Servicekräften im Stadion beim Aufräumen.

Dies ist nur eine der Traditionen, die auf die japanische Philosophie des *omotenashi* zurückgehen. Vereinfacht ausgedrückt ist Omotenashi die Idee, dass man jeden auf die bestmögliche Weise behandeln sollte – mit Rücksicht und Respekt –, ohne eine Gegenleistung zu erwarten.

Diese Philosophie reicht Hunderte von Jahren zurück und hat ihre Wurzeln in der traditionellen japanischen Teezeremonie. Dabei tut der Gastgeber alles, um seine Gäste zu erfreuen.

Heutzutage trifft man Omotenashi in allen Bereichen des japanischen Lebens an. Wenn jemand in Japan etwas verliert, bekommt er es mit ziemlicher Sicherheit zurück. Sogar Geld. Wenn jemand Bauarbeiten plant, ist es Tradition, den Nachbarn vor Beginn der Arbeiten als Geschenk verpackte Schachteln mit Waschpulver zu überreichen, damit sie ihre Kleidung waschen können, falls sie mit Baustaub bedeckt ist.

Besucher Japans bemerken manchmal, wie leicht es ist, in die Gepflogenheiten von Omotenashi einzusteigen. Wer rücksichtsvoll behandelt wird, handelt selbst auch rücksichtsvoller. Stell dir vor, was passieren würde, wenn jeder Japan-Besucher diese Idee mit nach Hause nehmen würde!

DAS GROSSZÜGIGSTE LAND DER WELT

INDONESIEN

Ich würde gern wissen, ob du dir vorstellen kannst, welches Land das großzügigste der Welt ist. Das, was am meisten spendet. Vielleicht eines der reichsten Länder? Nein, ganz im Gegenteil!

Ein Land, das in den letzten Jahren in der Weltrangliste der Großzügigkeit ganz oben stand (entweder auf Platz eins oder unter den ersten zehn), ist Indonesien. Obwohl zig Millionen Indonesierinnen und Indonesier in Armut leben, engagieren sie sich weiterhin.

Laut dem World Giving Index (WGI) – der misst, wie viel Menschen auf der ganzen Welt anderen spenden – neigt die Bevölkerung Indonesiens eher als die Menschen in den meisten anderen Ländern dazu, Geld zu spenden, Fremden zu helfen und sich ehrenamtlich zu engagieren. Und warum?

Einer der Hauptgründe dafür ist die Religion. Indonesien hat die größte muslimische Bevölkerung von allen Ländern der Welt. Eine der fünf Säulen des Islam ist die *zakat*, eine Solidaritätsabgabe. Alle sind verpflichtet, jedes Jahr einen bestimmten Betrag für wohltätige Zwecke zu spenden.

Außerdem gibt es in diesem Land die Tradition, dass man sich gegenseitig hilft (auf Indonesisch *gotong royong*). Gotong royong bedeutet, gemeinsam für die Gemeinschaft zu arbeiten. Es ermutigt zu einer selbstlosen Lebensweise.

Wenn also jemand ein Haus baut, helfen ihm die Nachbarn dabei. Oder wenn eine Familie eine Hochzeitsfeier ausrichtet, hilft die Nachbarschaft bei der Zubereitung und dem Servieren der Speisen. Die Mitglieder einer Gemeinschaft arbeiten zusammen, um gemeinsam Probleme zu lösen, öffentliche Plätze zu säubern und in schwierigen Zeiten füreinander da zu sein.

Gotong royong zeigt, dass Großzügigkeit nicht nur bedeutet, Geld zu spenden. Wir alle können mit unserer Zeit und Energie, unserem Lachen und unseren Gedanken und natürlich mit unserer Freundlichkeit großzügig sein.

CAFFÈ SOSPESO

NEAPEL, ITALIEN

Hattest du schon einmal eine Glückssträhne oder einen überraschend schönen Moment, der dich veranlasst hat, dein Glück mit jemandem teilen zu wollen? Sogar mit Fremden?

In der italienischen Stadt Neapel entstand vor vielen Jahren aus dem Wunsch, das Glück weiterzugeben, eine wunderbare Tradition namens *caffè sospeso*. Caffè sospeso bedeutet »aufgestockter Kaffee«, und so funktioniert es:

Wenn jemand einen guten Tag hatte oder einfach Lust hat, etwas Gutes zu tun, kann er in ein Café gehen und für zwei Kaffee bezahlen, aber nur einen trinken. Jemand anderes, der sich keinen Kaffee leisten kann, bekommt den bereits bezahlten Kaffee ausgeschenkt.

Und schon ist sein Tag ein bisschen besser. Und wer weiß? Vielleicht wird er oder sie ja auch dazu inspiriert, selbst eine gute Tat zu vollbringen.

Caffè sospeso ist eine einfache, anonyme Geste, aber eine wirkungsvolle. Sie ist sogar so wirkungsvoll, dass sie sich von ihren kleinen Anfängen in Neapel aus über die ganze Welt verbreitet hat.

UBUNTU

VIELE LÄNDER IN AFRIKA

Afrika ist ein riesiger Kontinent mit 54 Ländern (2022). Es gibt ein Wort, das für Menschen aus vielen dieser Nationen wichtig ist. Es heißt *ubuntu* und kommt von dem südafrikanischen Ausdruck *umuntu ngumuntu ngabantu*, was übersetzt werden kann mit: »Ich bin, weil du bist, du bist, weil wir sind.« Mit anderen Worten: Wir sind alle miteinander verbunden, und es ist diese Verbindung, die uns zu Menschen macht. Es spielt also keine Rolle, ob wir jemanden kennen oder nicht, es ist schlicht unsere Pflicht, anderen Menschen Mitgefühl und Verständnis entgegenzubringen. Wenn wir uns gegenseitig unterstützen und helfen, wird unser eigenes Leben glücklicher und erfüllter. Das Glück eines Menschen ist das Glück aller.

Zu den berühmtesten Verfechtern von Ubuntu gehören Nelson Mandela (S. 21), Südafrikas erster schwarzer Präsident, und Desmond Tutu, ein Bischof und Anti-Apartheid-Aktivist. Beide wurden mit dem Friedensnobelpreis geehrt.

»Wir betrachten uns viel zu oft nur als Individuen ... dabei sind wir miteinander verbunden, und was wir tun, hat Auswirkungen auf die ganze Welt«, sagte Desmond Tutu.

Durch die Arbeit von Nelson Mandela, Desmond Tutu und vielen anderen verbreitete sich das Ubuntu-Denken in Südafrika. Dies trug dazu bei, dass die Apartheid friedlich beendet wurde.

Mandela sagte: »Niemand wird mit dem Hass auf einen anderen Menschen geboren, sei es wegen seiner Hautfarbe, seiner Herkunft oder seiner Religion. Zu hassen lernen Menschen erst im Lauf ihres Lebens, aber wenn sie Hass lernen können, kann man sie lehren zu lieben, denn die Liebe ist natürlicher für das menschliche Herz.«

FREUNDLICHKEIT UNTER DER ERDE

LONDON, GROSSBRITANNIEN

Eines Tages beobachtete ein Künstler namens Michael Landy in der »Tube«, der U-Bahn in London, wie ein Passagier einem anderen half. Beide kannten einander nicht.

Was er sah, erfüllte ihn mit so viel guter Laune, dass er beschloss, ein Kunstprojekt zu starten, das die alltägliche Freundlichkeit in der Londoner U-Bahn würdigt. Sein Titel: »Acts of Kindness«.

Michael bat zunächst die Fahrgäste und das Personal, ihm Geschichten zu schicken, die sie in der U-Bahn gesehen oder erlebt hatten.

Dann entwarf er Plakate, die diese Geschichten erzählten, und brachte sie in den Zügen und auf den Bahnsteigen an.

Die Geschichten waren vielfältig und zauberhaft. Da war die Geschichte eines kleinen Jungen, der seinen Heliumballon losgelassen hatte und hilflos zusehen musste, wie er den Waggon entlangschwebte. Die lächelnden Fahrgäste schubsten ihn einer nach dem anderen zurück.

Eine weinende Dame hatte von dem Fahrgast, der ihr gegenüber saß, ein Taschentuch und ein aufmunterndes Lächeln erhalten. Und ein staubiger Bauarbeiter gab seine Packung Gesichtstücher an ein Mädchen mit juckender Schminke auf den Wangen weiter. Die Liste ließe sich fortsetzen!

»Ich wollte herausfinden, was uns zu Menschen macht und was uns miteinander verbindet«, erklärte Michael. »Für mich ist die Antwort: Mitgefühl und Freundlichkeit.«

FRAGEN

1.

WAS HABEN ALL DIE GESCHICHTEN IN DIESEM KAPITEL GEMEINSAM?

2.

WELCHE TRADITION GEFÄLLT DIR AM BESTEN UND WIE VERÄNDERT SIE DIE WELT?

3.

WAS DAVON KÖNNTEST DU IN DEINER FAMILIE, DEINER KLASSE ODER DEINER SCHULE EINFÜHREN, UM DAS GUTE IN DIE WELT ZU BRINGEN?

ZUM SCHLUSS

Erinnerst du dich an unsere außerirdischen Besucher ganz am Anfang des Buches? Wenn sie diese Geschichten lesen könnten – und seien es nur einige –, wären sie vielleicht versucht, auf unserem Planeten herumzuschweben und mehr darüber zu erfahren. Denn jede Geschichte zeigt, wie erstaunlich Menschen sein können, wenn sie ihre Superkraft der Freundlichkeit einsetzen.

Ob es sich um das Mitgefühl des Schweizer Geschäftsmanns Henri Dunant (S. 40) oder die Tapferkeit der Dorfbewohner von Le Chambon-sur-Lignon (S. 15) handelt, jedes einzelne Beispiel erinnert uns daran, dass wir nicht allzu tief unter der Oberfläche der menschlichen Natur kratzen müssen, bevor eine funkelnde Schicht von Freundlichkeit zum Vorschein kommt.

Wenn du also eine Person siehst, die sich gemein verhält, oder etwas hörst, das dich traurig macht, denk daran: Es gibt mehr Menschen, die Gutes tun und freundlich sind, als andere. Und wenn du heute jemanden angelächelt hast, bist du eine oder einer von ihnen! Denn es sind nicht nur die übermenschlichen Heldentaten, die etwas bewirken. Jede einzelne Geste der Freundlichkeit, von der großen bis zur kleinen, ist wertvoll. Jede einzelne ist wichtig, weil sie andere dazu inspirieren wird, ebenfalls freundlich zu sein, und damit dazu beiträgt, unsere Welt zu einem liebevolleren Ort zu machen.

Egal, wer du bist, wo du lebst oder was du tust, es ist immer möglich, freundlich zu sein. Es mag nicht immer einfach sein – aber es wird immer richtig sein. Das ist das Allerwichtigste.

WICHTIGER NACHTRAG

SEI FREUNDLICH ZU DIR SELBST!

Bei so vielen Gelegenheiten, anderen Freundlichkeit zu erweisen, vergisst man leicht die eine Person, die Freundlichkeit am meisten braucht: nämlich sich selbst!

Du denkst vielleicht, das klingt albern. Aber genau das Gegenteil ist der Fall. Wie kannst du anderen helfen, wenn es dir selbst nicht gut geht?

Vergiss also nicht, dass du sowohl auf dich selbst als auch auf andere aufpassen musst. Freundlichkeit bedeutet nicht, zu allem Ja zu sagen oder die ganze Arbeit allein zu machen. Es geht darum, für andere einzutreten – auch für sich selbst.

Nimm dir Zeit, um zu überprüfen, wie du dich fühlst. Wenn du dich schlecht fühlst, halte inne und erhole dich. Dann wird es dir wieder leichter fallen, freundlich zu anderen zu sein.

STARS IN SACHEN FREUNDLICHKEIT

Die Bedeutung der Freundlichkeit wird seit Tausenden von Jahren von einigen der weisesten Denkerinnen und Denker der Welt diskutiert und beschrieben. Diese Menschen haben über das Leben nachgedacht und darüber, wie man es am besten leben kann. Sie kamen zu dem Schluss, dass Freundlichkeit der Schlüssel zu einem glücklichen Leben ist.

Hier sind nur einige von ihnen und was sie zu sagen hatten.

GAUTAMA BUDDHA

(563 – 483 V. CHR.)

»Im Mitgefühl liegt die wahre Stärke der Welt.«

Gautama Buddha war der Begründer des Buddhismus. Auch bekannt als Siddharta Gautama, begann er seine Lehre vor etwa 2.500 Jahren.

Eines der wichtigsten Dinge, die Buddhisten lehren, ist die Praxis von *karuna*, was Mitgefühl bedeutet. Mitgefühl ist das Mitempfinden für alle Lebewesen, die leiden, und der Versuch, ihnen zu helfen. Wenn du deinem Freund oder deiner Freundin helfen willst, wenn es ihnen schlecht geht, ist das ein Beispiel für Karuna. Buddha lehrte, dass wir alle in der Lage sind, Mitgefühl zu zeigen.

Außerdem lehrte Buddha, wie wichtig es ist, *metta*, also liebende Güte, zu praktizieren. Bei Metta geht es darum, anderen Liebe und Freundlichkeit zu zeigen, bevor sie Hilfe brauchen. Wenn du also etwas Nettes tust, um jemanden glücklich zu machen, wäre das Metta.

Das buddhistische Oberhaupt, Seine Heiligkeit, der 14. Dalai Lama von Tibet, hat es treffend formuliert: »Der Schlüssel zu einer glücklicheren und erfolgreicheren Welt ist das Wachstum von Mitgefühl. Wir müssen weder religiös werden noch an eine Ideologie glauben. Alles, was notwendig ist, ist, dass jede oder jeder von uns seine guten menschlichen Eigenschaften entwickelt.«

KONFUZIUS

(551–479 V. CHR.)

»Was du nicht willst, das man dir tu, das füg auch keinem andern zu.«

Etwa zur gleichen Zeit, als sich der Buddhismus in Indien verbreitete, lehrte einer der berühmtesten Philosophen, Konfuzius (oder *K'ung Fu-tzu* auf Chinesisch), in China.

Obwohl er in einer Zeit der großen Unordnung und des Chaos lebte, glaubte Konfuzius, dass der Mensch von Natur aus gut sei. Er war zuversichtlich, dass die Gesellschaft wieder auf einen guten Weg zurückfinden könnte, wenn die Menschen daran arbeiteten, sich richtig zu verhalten.

Laut Konfuzius ist die wichtigste Eigenschaft, die ein Mensch haben sollte, *ren* – was übersetzt Wohlwollen oder Freundlichkeit bedeutet. Er war der Meinung, dass jeder Mensch mit Ren im Herzen geboren wird, man muss es nur pflegen.

Heute sind seine Lehren in einem Buch namens *Analekten des Konfuzius* zu finden.

ARISTOTELES

(384–322 V. CHR.)

»Hilfsbereitschaft gegenüber Menschen in Not, nicht als Gegenleistung oder zum Vorteil der Helfenden, sondern nur zum Vorteil dessen, dem geholfen wird.«

Aristoteles war ein angesehener griechischer Philosoph, der über Wissenschaft, Politik, Freundschaft, Glück und Freundlichkeit schrieb und sprach.

Aristoteles sagte, dass man mit sich selbst beginnen muss, wenn man freundlich und liebevoll sein will. Er meinte damit: Wie kann man andere lieben und richtig behandeln, wenn man nicht freundlich zu sich selbst sein kann?

Er unterschied dabei zwischen einer gesunden und einer ungesunden Selbstliebe. Wer seine eigenen Bedürfnisse über die anderer stellt oder sich mehr nimmt, als ihm zusteht, hat eine ungesunde und egoistische Art der Selbstliebe. Diese Menschen sind nicht in der Lage, andere gut zu lieben.

Wer hingegen mutig, großzügig, freundlich, loyal und vertrauenswürdig ist, kann sich selbst auf gesunde Weise lieben. Heute würden wir dies als Selbstwertgefühl bezeichnen – was bedeutet, dass man sich selbst respektiert und wertschätzt. Jemand mit Selbstwertgefühl ist in der Lage, andere gut zu lieben.

Die Botschaft: Sei freundlich zu dir selbst und zu anderen!

RUMI

(1207 – 1273)

Deine guten Taten
sind schillernde Flügel
der göttlichen Liebe,
die noch lange nachwirken
und andere aufrichten.

Rumi (Jalal ad-Din Muhammad Rumi) war ein Dichter, Schriftsteller und islamischer Gelehrter des 13. Jahrhunderts und lebte in Konya, einer Stadt in der heutigen Türkei.

Rumi lehrte und schrieb über die Bedeutung von Toleranz, Geduld, Liebe, Mitgefühl und Freundlichkeit. Eines seiner Gedichte beschreibt, wie gute Taten noch lange das Leben der Menschen beeinflussen.

Rumis Gedichte sind in viele Sprachen der Welt übersetzt worden und werden heute in vielen Ländern der Welt veröffentlicht und gelesen. Seine Werke sind so populär, dass seine weisen Worte sogar auf Postkarten, Autoaufklebern und Kühlschrankmagneten zu finden sind!

JEAN-JACQUES ROUSSEAU

(1712 – 1778)

»Welche Weisheit kannst du finden, die größer ist als Güte?«

Jean-Jacques Rousseau war ein Schweizer Philosoph, der wie Konfuzius glaubte, dass die Menschen von Natur aus gut sind. Das Problem war nur, dass sie nicht immer so blieben. Deshalb fragte sich Rousseau, ob man etwas tun könnte, das die Menschen davon abhielte, egoistisch zu werden. Er kam zu der Erkenntnis, dass eine der Antworten in der Erziehung lag.

Es sei wichtig, dass die Erwachsenen den Kindern mit gutem Beispiel vorangehen. »Menschen, seid freundlich zu euren Mitmenschen«, schrieb er. »Das ist eure erste Pflicht: Seid freundlich zu jedem Alter und jedem Stand.«

Er erinnerte die Menschen auch, dass Freundlichkeit viel mehr bedeute als das Verteilen von Geld und Dingen an Bedürftige.

»Vergeblich wirst du deinen Geldbeutel öffnen, wenn du nicht auch dein Herz öffnest ... Du musst deine Zeit, deine Aufmerksamkeit, deine Zuneigung und dich selbst geben ... Liebe andere und sie werden dich lieben.«

GABRIELA MISTRAL

(1889 – 1957)

Aber verfalle nicht dem Irrtum,
nur große Leistungen würden zu den guten zählen.
Es gibt kleine Handlungen, die ebenso gut sind:
Einen Tisch schön eindecken,
ein paar Bücher einordnen, einem kleinen Mädchen die Haare kämmen.

Die chilenische Dichterin, Lehrerin und Diplomatin Gabriela Mistral war die erste lateinamerikanische Autorin, die den Nobelpreis für Literatur erhielt. Ihr richtiger Name war Lucila Godoy Alcayaga, aber sie benutzte das Pseudonym Gabriela Mistral für ihre Texte.

Zeit ihres Lebens setzte sie sich mutig für die Rechte benachteiligter Gruppen in der Gesellschaft ein, darunter die indigenen Völker Lateinamerikas, Frauen, Kinder, arme Menschen und viele andere.

Freundlichkeit und Mitgefühl waren wichtige Themen in ihrem Werk. In dem Gedicht *El placer de servir*, aus dem obiger Vers stammt, weist Gabriela darauf hin, dass einfache freundliche Handlungen genauso wichtig und bedeutsam sind wie große Taten.

ANNE FRANK

(1929 – 1945)

»Menschliche Größe besteht nicht in Reichtum oder Macht, sondern in Charakter und Güte. Menschen sind einfach Menschen und alle haben Fehler und Mängel, aber wir sind alle mit einer grundlegenden Freundlichkeit geboren.«

Anne Frank war ein deutsches jüdisches Mädchen, sie wurde zu einem Opfer des Holocaust. Anne ist berühmt dafür, dass sie ihre Erlebnisse in ihrem Tagebuch niederschrieb, während sie sich mit ihrer Familie zwei Jahre lang in einer engen, geheimen Wohnung in Amsterdam versteckte.

Obwohl Anne schreckliche Dinge erlitt und sah, blieb ihr Glaube an die Kraft der menschlichen Güte stark. In ihrem Versteck verbrachte sie viel Zeit damit, darüber nachzudenken und zu schreiben. Ihr Buch *Das Tagebuch der Anne Frank* wird nach wie vor in der ganzen Welt gelesen. In ihren Worten:

»Wie schön und gut wären alle Menschen, wenn sie sich jeden Abend die Ereignisse des Tages vor Augen riefen und prüften, was an ihrem eigenen Verhalten gut und was schlecht gewesen ist. Unwillkürlich versucht man dann jeden Tag aufs Neue, sich zu bessern.

Ich will den Menschen, die um mich herum leben und mich doch nicht kennen, Freude und Nutzen bringen.«

MAYA ANGELOU

(1928 – 2014)

»Ich bin davon überzeugt: Gutes, das irgendwo getan wird, ist überall gut.«

Maya Angelou war eine amerikanische Schriftstellerin, Dichterin und Bürgerrechtsaktivistin. Sie wurde 1928 in St. Louis, Missouri, geboren und erlebte eine Zeit der Rassentrennung und des tief verwurzelten Rassismus in Amerika.

Sie nutzte das Schreiben als mächtiges Instrument, um Ungerechtigkeiten aufzuzeigen und sich für ein gerechteres, besseres und gleicheres Leben für alle einzusetzen. Ihr ganzes Leben lang schrieb Maya Angelou Gedichte, Geschichten und Essays, die auf ihren Erfahrungen basieren. Ihre weisen Botschaften von Freundlichkeit, Mut und Hoffnung inspirieren auch heute noch Menschen auf der ganzen Welt.

»Tu einfach das Richtige ... mach die Welt ein bisschen besser. Genau dort, wo du bist. Die Welt kann besser sein. Und sie muss besser werden. Aber es liegt an uns.«

»Fang zur Abwechslung mal an, mit den Menschen zu sprechen, anstatt an ihnen vorbeizugehen, als wären sie Steine, die nicht wichtig sind. Solange du noch atmest, ist es nie zu spät, etwas Gutes zu tun.«

MARTHA NUSSBAUM

(*1947)

»Wissen ist keine Garantie für gutes Verhalten, aber Unwissenheit ist praktisch eine Garantie für schlechtes Verhalten.«

Martha Nussbaum ist eine der bekanntesten und angesehensten Philosophinnen der Gegenwart. Sie ist der Meinung, dass wir uns um alle Menschen kümmern und sie respektieren sollten und dass wir diese Rücksicht und diesen Respekt auch auf Tiere ausdehnen müssen.

Marthas Überzeugung basiert auf der Idee, dass wir nicht nur Bürgerinnen und Bürger unseres eigenen Landes sind, sondern der ganzen Welt.

Als »Weltbürgerinnen« und »Weltbürger« sollten wir uns um die Millionen von Menschen kümmern und denen helfen, die unter Tragödien wie Krieg, Unterernährung und Krankheiten leiden – und zwar nicht nur im eigenen Land.

Das Problem sei, sagt sie, dass in vielen Ländern – auch in ihrem eigenen Land, den USA – die Sorge der meisten Menschen für andere an der Landesgrenze aufhört.

Wie Jean-Jacques Rousseau (S. 107) ist sie der Meinung, dass Bildung der Schlüssel dazu ist, die Verantwortung der Menschen weiter zu fassen und unsere Welt zu einem besseren Ort zu machen.

Durch die richtige Art von Unterricht, so glaubt sie, können die Menschen lernen, mitfühlende Weltbürger zu werden.

GLOSSAR

ACHONDROPLASIE
Ein Gendefekt, der dazu führt, dass eine Person stark verkürzte Gliedmaßen hat.

AKTIVISTIN / AKTIVIST
Eine Person, die sich für Veränderungen einsetzt, meist in politischen oder sozialen Fragen.

ANC – AFRIKANISCHER NATIONALKONGRESS
Partei in Südafrika, die sich gegen die Apartheid einsetzt.

AFRIKAANS
Eine Sprache, die in mehreren afrikanischen Ländern, darunter Südafrika, gesprochen wird.

APARTHEID
Aus dem Afrikaans-Wort für »Trennung«. Ein System von Gesetzen, nach dem schwarzen und nicht-weißen Südafrikanern die Rechte weißer Südafrikaner verweigert wurden.

BLOG
Ein Online-Journal, Tagebuch oder Newsfeed, manchmal über das Leben einer Person, ihre Hobbys oder Interessen.

BRAUCH / TRADITION
Eine Überzeugung oder eine Verhaltensweise, die seit Langem besteht.

BÜRGERKRIEG
Ein Krieg zwischen einer oder mehreren Menschengruppen innerhalb eines Landes oder einer Region.

CAFFÈ SOSPESO
Italienisch für »aufgestockter Kaffee«. Einen Kaffee bestellen, aber für zwei bezahlen – der zweite Kaffee wird einem bedürftigen Kunden geschenkt.

DIKTATORIN / DIKTATOR
Ein Herrscher, der absolute Macht über ein Land und seine Bevölkerung hat.

DRESSUR
Eine Art Reitwettbewerb, bei dem Pferd und Reiter vor Richtern auftreten, fast wie bei einem Tanz.

FÜNF SÄULEN DES ISLAM
Die fünf wichtigsten Fundamente der islamischen Religion, nach denen ein Muslim sein Leben ausrichten sollte.

GENDEFEKT
Ein Fehler in den Genen einer Person, der das Wachstum oder die Gesundheit beeinflussen kann.

GENDER
Wie eine Person sich selbst identifiziert, als Junge, Mädchen oder nicht-binär.

GESELLSCHAFT
Gruppe von Menschen, die zusammen leben.

HOMOSEXUALITÄT
Sich zu Menschen des gleichen Geschlechts hingezogen zu fühlen.

HORMONE
Eine der chemischen Substanzen im Körper, die die Entwicklung und das Wachstum des Menschen steuern.

INKLUSIV
Das Konzept zielt darauf ab, alle Menschen einzubeziehen und fair zu behandeln, unabhängig von Hautfarbe, Geschlecht, körperlichen Fähigkeiten oder anderen Unterschieden zwischen Menschen.

KNOCHENMARK
Eine mit Blutgefäßen durchsetzte Substanz, die sich in der Mitte größerer Knochen befindet und der Bildung von Blutzellen dient.

KNOCHENMARKTRANSPLANTATION
Krankes Knochenmark einer Person wird durch gesundes Knochenmark einer Spenderin oder eines Spenders ersetzt.

DIE KONFÖDERIERTEN
Die eine Seite im amerikanischen Bürgerkrieg, auch bekannt als »der Süden«. Diese Staaten traten für die Sklaverei ein.

NATURSCHÜTZERIN / NATURSCHÜTZER
Jemand, der gefährdete Arten studiert und pflegt, um sie vor dem Aussterben zu bewahren.

KULTUR
Die Bräuche und Traditionen einer bestimmten Gruppe von Menschen.

MENSCHENRECHTE
Das Versprechen gleicher sozialer und politischer Rechte für alle Menschen einer Gesellschaft (wie das Recht zu wählen oder zu heiraten).

NEUROTRANSMITTER
Einer von vielen chemischen Stoffen, die Nachrichten zwischen verschiedenen Teilen des Körpers übermitteln und ihnen sagen, was sie tun sollen.

NEUTRAL
Unterstützt keine Seite eines Konfliktes.

NICHT-BINÄR
Eine Person, die sich weder als Mann noch als Frau identifiziert. Sie kann ein bisschen von beidem sein, keines von beidem oder irgendwo dazwischen.

ÖKOSYSTEM
Eine Gruppe von Pflanzen und Tieren, die miteinander und mit der Umwelt leben und einen Lebensraum bilden.

OMOTENASHI
Der japanische Glaube, dass man jeden mit Rücksicht und Respekt behandeln sollte, ohne eine Belohnung zu erwarten.

PHILOSOPHIE
Ein Brauch oder eine Überzeugung oder auch ein Gedankenmodell, wie die Welt funktioniert und wie man sich der Welt und anderen Menschen gegenüber verhalten sollte.

STRAHLUNG
Eine Art von Energie, die sich sehr schnell in Wellen oder Teilchen ausbreitet.

SELBSTACHTUNG
Der Glaube an den eigenen Wert und die eigenen Fähigkeiten als menschlichem Wesen.

SOLIDARITÄT
Unterstützung und Übereinstimmung mit einer Gruppe von Menschen.

SPEZIES
Eine Gruppe von Tieren oder Pflanzen, die sich in vielerlei Hinsicht sehr ähnlich sind und sich untereinander fortpflanzen können.

STAMMZELLEN
Bestimmte Zellen in unserem Körper, die andere Zellen erzeugen können.

TRANS
Wird verwendet, um eine Person zu beschreiben, deren Körper nicht ihrer Geschlechtsidentität entspricht.

UNDERGROUND RAILROAD
Ein geheimes Netz von Routen, Personen und Orten, das von versklavten Menschen im Süden der Vereinigten Staaten genutzt wurde, um in die Freiheit des Nordens zu entkommen.

DIE UNION
Eine der beiden Seiten im Amerikanischen Bürgerkrieg, auch bekannt als »der Norden«, die der Sklaverei ein Ende setzen wollte.

VERFOLGUNG / VERFOLGTE
Eine Person oder eine Gruppe von Menschen wird aufgrund eines »Unterschieds« zwischen ihr und einer anderen Gruppe, wie z. B. ihrer ethnischen Zugehörigkeit oder Religion, schlecht behandelt.

VERLEUMDUNG
Über eine Person Unwahrheiten verbreiten, z. B. im Internet, was dazu führen kann, dass sie von anderen schlecht behandelt wird.

VERMENSCHLICHUNG
Wenn ein Tier von klein auf von Menschen aufgezogen wird und glaubt, es gehöre zu den Menschen.

VERRAT
Wenn ein Mensch sein Land betrügt.

VORURTEIL
Wenn Menschen andere verurteilen, hassen oder schlecht behandeln, weil sie anders sind.

WELTBÜRGERIN / WELTBÜRGER
Eine Person, die auf dem Planeten Erde lebt. Jeder ist ein Weltbürger, auch du!

WILDKORRIDOR
Ein Merkmal in der natürlichen Landschaft, z. B. eine Hecke oder eine Baumgruppe. Wildkorridore ermöglichen es Tieren, sich sicher zwischen Lebensräumen zu bewegen, die durch vom Menschen geschaffene Hindernisse getrennt sind.

ZERSETZEN
Wenn sich eine organische oder chemische Verbindung mit der Zeit abbaut.

ZIVIL
Eine Person, die nicht zu den Streitkräften gehört und in Kriegszeiten nicht kämpft.

REFERENZEN

BÜCHER

Aurelius, Marcus. *Meditationen.* Kesinger Publishing: 2002.

Born This Way Foundation (au.), Lady Gaga (intro.). *Channel Kindness: Stories of Kindness and Community*. London: 2020.

Bregman, Rutger. *Im Grunde gut. Die neue Geschichte der Menschheit. Rowohlt, 2021.*

Burke, Sinéad (au.), and Byrne, Natalie (illust.). *Break The Mould: How to Take Your Place in the World.* London: 2020.

Frank, Anne. *Anne Frank: Gesamtausgabe.* Fischer, 2015.

Frank, Anne. *Das Tagebuch der Anne Frank.* Edition Metis: 2022.

Hain, Peter. *Ad & Wal: Values, Duty, Sacrifice in Apartheid South Africa.* London: 2014.

Honderich, Ted (ed.). *The Oxford Companion to Philosophy*. Oxford: 1995.

Jawando, Danielle. *Maya Angelou (Little Guides to Great Lives).* London: 2019.

Jazynka, Kitson. *DK Life Stories: Harriet Tubman.* London: 2019.

Moorehead, Carole. *Village of Secrets: Defying the Nazis in Vichy France.* London: 2015.

Ngomane, Mungi. *Everyday Ubuntu: Living Better Together, The African Way.* London: 2019.

The School of Life. *Big Ideas for Curious Minds: An Introduction to Philosophy.* London: 2018.

WEBSITES

art.tfl.gov.uk/projects/acts-of-kindness
kindnessuk.com/global_research.php
mava-foundation.org
www.annefrank.org
www.anthonynolan.org
www.health.harvard.edu/blog/the-heart-and-science-of-kindness-2019041816447
www.randomactsofkindness.org/the-science-of-kindness
www.redcross.org.uk/about-us/our-history/the-beginning-of-the-red-cross
www.salviamolorso.it
www.theschooloflife.com
www.titanicinquiry.org

PODCASTS UND AUDIO

Bellissimo, Sarina. 'Sinéad Burke – "Break The Mould,"' *The Bellissimo Files.* 20 October 2020.

Burke, Sinéad, and Lemonada Media. *As Me with Sinéad.* 2019–21.

Davis, Daryl. 'Why I, as a Black Man, Attend KKK rallies.' TEDxNaperville, 8 December 2017.

Hammond, Claudia. *The Anatomy of Kindness.* BBC Radio 4, 30 March 2022.

Marcus, Eric. 'Magnus Hirschfeld', *Making Gay History: LGBTQ Oral Histories from the Archive.* 25 October 2018.

Trocmé, Magda (interviewee), and Lewin, Rhoda G. (interviewer). *Oral history interview with Magda Trocme.* United States Holocaust Memorial Council, 2 October 1984.

INDEX

DIE AUTORIN

Alexandra Stewart schreibt Sachbücher für Kinder. Sie lehrte Modern History an der Oxford University und arbeitete als Journalistin, Redenschreiberin und Pressesprecherin. Sie ist die Autorin der Bücher *The Story of Edmund Hillary and Tenzing Norgay* (Bloomsbury, 2019) und *Jumbo: The Most Famous Elephant Who Ever Lived* (Bloomsbury, 2020).

DER ILLUSTRATOR

Jake Alexander ist ein preisgekrönter britischer Illustrator. 2019 gewann er den Macmillan Prize und die Creative Conscience Gold Medal. Er ist Autor und Illustrator von *We Want Our Books* (Two Hoots, 2021) und er illustrierte David Olusogas *Black and British: An Illustrated History* (Pan Macmillan, 2021).

SO KOMMT DAS GUTE IN DIE WELT

ISBN 978-3-03876-258-4

1. Auflage

Übersetzung: Claudia Koch
Lektorat: Silvia Bartholl
Layout: Ulrich Borstelmann
Projektleitung: Gregory C. Zäch

Midas Verlag AG
Dunantstrasse 3, CH-8044 Zürich
E-Mail: kontakt@midas.ch
www.midas.ch

Printed and bound in India
by Replika Press Pvt. Ltd.

Englische Originalausgabe:
Let's Fill This World with Kindness

Die deutsche Nationalbibliothek verzeichnet diese Publikation in der Deutschen Nationalbibliografie; detaillierte bibliografische Daten sind im Internet unter www.dnb.de abrufbar.